《论语》管理密码

论创业者的自我修养 II

王建成 著

上海科学技术文献出版社
Shanghai Scientific and Technological Literature Press

图书在版编目（CIP）数据

《论语》管理密码/王建成著．—上海：上海科学技术文献出版社，2017
 ISBN 978-7-5439-7488-3

Ⅰ.①论… Ⅱ.①王… Ⅲ.①《论语》—管理学—研究 Ⅳ.① B222.25 ② C93-0

中国版本图书馆 CIP 数据核字（2017）第 167956 号

责任编辑：胡欣轩
装帧设计：有滋有味（北京）
装帧统筹：尹武进

《论语》管理密码
王建成　著
出版发行：上海科学技术文献出版社
地　　址：上海市长乐路 746 号
邮政编码：200040
经　　销：全国新华书店
印　　刷：常熟市人民印刷有限公司
开　　本：787×1092　1/32
印　　张：7.125
字　　数：125 000
版　　次：2017 年 8 月第 1 版　2017 年 8 月第 1 次印刷
书　　号：ISBN 978-7-5439-7488-3
定　　价：36.00 元
http://www.sstlp.com

王建成

投资人、企业家、持续创业者、企业高管

作家（笔名：牧太甫）

作品有：管理文学《易经管理密码》《论语管理密码》《红楼梦管理密码》等；长篇小说《爱可爱非常爱》《离曰》《风起水波澜》等；散文集《蝴蝶说》《遇见青春》《回乡去旅行》等。

一手理智谋价值，一手情怀容人性。

"扫一扫"关注"牧太甫"微信公众号：mtfly777

恺撒的当归给恺撒。

述而不作,信而好古。

富而可求也,虽执鞭之士,吾亦为之。

目录

引言　一斑《论语》诠商道 / 1

导读　诗无达诂 / 5

第一篇　创世于信 / 9
1. 企业的目的 / 11
2. 成败的标准 / 20
3. 修养的意义 / 26
4. 意志的价值 / 32
5. 生活的准则 / 39
6. 企业的边界 / 45
7. 经营的权利 / 52

第二篇　立业于望 / 59
8. 企业的本质 / 61
9. 商业的本质 / 67

10. 资本的本质 / 74

11. 人才的实质 / 81

12. 领导的实质 / 89

13. 管理的实质 / 95

14. 创新的实质 / 101

第三篇　兼济于爱 / 109

15. 君子怀德 / 111

16. 一以贯之 / 116

17. 再思可矣 / 123

18. 绘事后素 / 130

19. 好学长进 / 137

20. 慎终追远 / 145

21. 约失者鲜 / 153

待　续　和合论英雄 / 163

附录1　论语 / 167

附录2　阅读推荐 / 219

引言

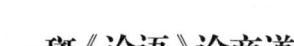

一斑《论语》诠商道

据史书记载,宋朝一代勋臣赵普"东征西讨,无不如意,求其所学,自《论语》之外无余业。"[1]赵普自己更是说:"《论语》二十篇,吾以一半佐太祖定天下。"

于是,就有了"半部《论语》治天下"一说流传至今。

这句名言,我的理解起码有三种以上的解读。一是读懂《论语》后,却只要在现实中运用半部内容的启发,已足以治理天

---

[1] 朱熹(1130—1200)谢世之后,首先是一个叫林駧(dòng)(具体生卒年不详)的人所撰《古今源流至论》前集卷八《儒史》里的记载。

下。这种解读的前提是我们有读懂《论语》的才智和悟性，毕竟孔夫子的言语是"上人书"——即使孔夫子倡导有学无类，那只是他老人家的教育态度——于是，有民间传说：赵普每遇政事不能决，便归家后查阅一箧[1]中书，次日则问题迎刃而解，久之家人好奇，偷偷发箧一看，原来里面只有半部《论语》。二是只能读懂半部《论语》，却已经足以治理天下。这是一种勉励——就算才智和悟性一般，只要发奋图强、坚持不懈，只要读懂半部《论语》并运用于实践，却也能治理好天下。三是只要能够读些《论语》，足以面对天下难事、人间困事和个人囧事。这是一种劝诫——这里的"半"是一知半解的"半"，说的是就算才智和悟性平庸，只要能够亲近《论语》、亲近孔子，也能解决好世间琐事。

　　日本企业之父、日本产业经济的最高指导者、儒家资本主义的代表涩泽荣一奉《论语》为"日本企业的最高指导圣经，现代企业必备的经营宝典"。日本现代管理思想家伊藤肇则说："日本企业家只要稍有水准的，无不熟读《论语》，孔子的教诲对他们的影响至巨，实例多得不胜枚举。"中央电视台《大国崛起》节目则认为日本崛起的秘诀是"一手握《论语》，一手握算盘"。

---

[1] qiè，小箱子。

我非赵普，更无贤才伟略，万卷书和万里路[1]也是始读即止、始行即废，只不过有的是年轻气盛、一腔热血和满怀激情，读《论语》只是管窥一斑、囫囵吞枣。所以，我读《论语》是为亲近、为琐事——恰好在古人眼中，商人地位卑微。于是，心里想：趁着不死痴心，读着《论语》能够解些为商杂事，也算是不枉与孔夫子亲近过一番。

在《塔木德》里面有这样一个故事：从前，有一个人买彩票，他选了64号，结果中了头奖。于是，他的朋友们都来祝贺他。不过，他们中间也有几个心怀嫉妒的人。其中一个道贺者问他："你怎么会正好选中64呢？为什么不是63或者65呢？"他抓了下自己的头皮，眨巴了一下眼睛对这位朋友说："我做梦的时候，看见7个8在我眼前晃来晃去。7乘以8等于64，于是，第二天买彩票的时候我就选了它。"听完，这位朋友很吃惊地说："可是，7乘以8等于56吧？"他一脸微笑地说："是吗？不过没关系，你数学比我好，你就继续做你的数学题吧……"

上帝的当归给上帝，恺撒的当归给恺撒。商学院虽然可以提高创业者的管理知识，但是商学院不可能培养出企业家。职业经理人和创业者是不同的两类人，同样，

---

[1] 万卷书原意为帝王之说、帝王之学，万里路原指帝王之路，即仕途。

商人和企业家也是根本不同的两类人。

恰为此书,述而不作,信而好古,默而识之,学而不厌,而后与世人共勉——

宋吏赵普,半部《论语》治天下;痴人说梦,一斑《论语》诠商道。

导读

诗无达诂

孔子,生于公元前551年,卒于公元前479年,那时的世界是一个被誉为"人类文化轴心"的时代——那个时代神人辈出,约公元前560年(即孔子诞生前大约十年),佛教创始人释迦牟尼在印度出生;约公元前470年(即孔子死后约十年),苏格拉底在希腊雅典诞生;约公元前4—5年,基督教的鼻祖耶稣在以色列的伯利恒诞生。

具体到孔子所处的春秋时期,是被史籍称作"礼坏乐崩"的乱世,也就是人间的规范、秩序瓦解了,所以孔子非常忧虑,他希望重新建立一套价值观和行为规范,让每个人都受教育，启发内在的真诚心意。人生最宝贵的是改造自己，把个人的成就跟社会的发展结合起来。没有人可以离开社会而成就自己，所以儒家思想非常重视人的社会责任。

读《论语》有两个方面让我印象深刻：一是温和的理性主义，即孔子强调的"礼"，儒家认为人可以通过学习不断增长见识，不断提高对人生的认识，知道人何去何从。二是深刻的人道情怀，即孔子倡导的"乐"，儒家认为一个人只要愿意，可以通过真诚由内产生的力量，要求自己行善避恶，在德行上可以实现人人平等，达到至善的高峰。

子曰："己所不欲，勿施于人"，耶稣则说："己之所欲，施之于人"，都是告诫人们要弃恶从善。孔子也说："夫仁者，已欲立而立人，已欲达而达人。"结合前面一句，就不难理解孔子的真实意思是先要完成立人的目的，然后再达成立己的目标，君子的行为应该要有顺序。这是孔子处世的智慧结晶。

有人认为，经商的目的就是利己，只要对自己有利就可以了，而对他人不闻不问，因此就出现了道德与利益对立的观点。实际上，仁义道德与物质利益是统一的，孟子也认为利益与仁义道德是一致的，但后来有好长的一段时间里有不少学者对二者之间的关系进行了割裂。于是，行仁义则远富贵，求富贵则不行仁义，商人因将赚钱作为首要任务而被称为奸商且备受鄙视,社会经济发展因此落后。当然,今天这种风气已经大大改观,但是在社会深层意义上还没有彻底消失,商人逐利忘义的事件依然屡见不鲜。人们应该把物质利益与仁义道德统一起来,而《论语》也能成为大家从商创业的指南。

所谓真正的文明,在各种制度条件具备之后,还必须有拥有优秀品质与知识的国民。实际上,在文明中已经包含了财富(即:物质文明)。总之,真正的文明,必须是强大的国力与实在的财富兼具。

一个用不正当手段获取财富的人,最终会变成一个唯利是图、道德败坏的社会败类。但是,如果我们过分憎恶其行为,也可能阻塞致富的根本。对于批评商人、企业家的腐败堕落,要注意采取适当地措施,否则还会伤及社会经济发展的元气,造成更大的损失。

仁义道德与物质利益是没有冲突的,是一致的。为了能真正地致富,必须有一个大家共同认同的规则,就是仁义道德。于是,我在《论语》中开始探寻如何才能保持仁义道德,如何能够依照这些道理行事,以期于国于民增加财富。

人们常说的"诗无达诂",是在提醒我们一首好诗没有固定的解释。《论语》很复杂、很丰富,我不试图给它一个非常固定的解释,而把它限定在不能扩大的意义里。我只是在探寻,希望看到更清楚的生命的状态。

第一篇 创世于信

商以德为本——满足度

灵魂构思：我们的身体、精神和灵魂是三位一体的存在，我们构思自己所经验的存在，并指出我们的真实欲望。

商才以道德为本。没有道德的商才，即不道德、浮夸、谎话连篇、欺上瞒下等投机取巧的小聪明，绝对称不上商才。

因此，商才离不开道德。

1. 企业的目的

> 子曰：朝闻道，夕死可矣。
>
> ——《论语·里仁》

孔子说，懂得了仁义的道理，就应该用自己的一生去实践它，有时为了捍卫它，甚至可以不惜牺牲自己的生命。

2016年初，上海市首期"两新"组织优秀领导人社会主义核心价值观研修班开班，复旦大学管理学院教授向我们这些企业家学员提问："企业的目的是什么？"于是，大家开始为一个看似不是问题的问题争论了起来。

大多数人认为，企业的目的是赚钱，也就是盈利。也有人说，企业的目的是为社会和人民服务，不过这种说法归根到底也是要做好企业该做的事情——赚钱，发展好了企业，促进了就业，也就是为社会经济发展做贡献。也有人指出，企业家和企业的目的是不同的，企业家是通过企业这个路径达到他的目的。可是，企业的目的和企业家的目的难道不是应该统一的吗？于是，讨论和争辩持续升温。

最后，老师为了控制时间和局面，给大家总结说：

企业的目的是创造客户、用户。不过,马上有人嘀咕反驳:老师,你这是诡辩!创造客户的目的不还是为了赚钱吗?

讨论仍在无声地继续着……

● **我们的事业是什么?**

让我们先跳出这场讨论,放眼看看世界和历史吧。

日本企业之父涩泽荣一认为:"算盘因有了《论语》而打得更好;而《论语》加上算盘才能让读者悟出真正的致富之道,它们二者息息相通,缺一不可。关系可以说是,远在天边,近在咫尺。"几年前在中央电视台热播的《大国崛起》系列纪录片说:"一手握《论语》,一手握算盘——日本崛起的秘诀。"中科院院士杨叔子教授认为:"《论语》是企业的基础。"日本现代管理思想家伊藤肇说:"日本企业家只要稍有水准的,无不熟读《论语》,孔子的教诲对他们的影响至巨,实例多得不胜枚举。"

《论语》到底说了什么,竟引无数日本企业家垂青和膜拜?

> 子曰:"学而时习之,不亦说乎?有朋自远方来,不亦乐乎?人不知而不愠,不亦君子乎?"
>
> ——《论语·学而》

教科书的白话译文是——孔子说,学习知识的同时又时常去复习,不是很快乐吗?有志同道合的朋友从远方来,不是让人高兴的吗?别人不了解我而我不去怨恨,不也是一个君子吗?

中国近代著名学者辜鸿铭老先生的译说是——孔子说,不断学习知识,并时常温习,把这些学到的知识应用到现实生活中去,实在是一件很快乐的事。志同道合的朋友因为仰慕你,而从很远的地方来看望你,则是件更快乐的事。但是,一个人即使不能被人称道,却仍然不怨恨、不恼怒,而是泰然处之,不也是有德行的君子吗?

现任中国孔子研究院院长杨朝明在其主编的《论语诠解》中则又有另一种解读——孔子说,如果我的学说被社会普遍接受,在社会实践中加以应用它,那不是很令人感到喜悦吗?即使不是这样,有赞同我的学说的人从远方而来,不也是很快乐吗?再退一步说,不但社会没有采用,而且也没有人理解,自己也不怨愤恼怒,不也是有修养的君子吗?

台湾著名学者傅佩荣的解读又有不同见解:孔子说,你学了做人处事的道理,在适当的时机去印证练习,不也觉得高兴吗?志同道合的朋友从远方来相聚,不也觉得快乐吗?别人不了解你,而你并不生气,不也是君子的风度吗?

虽然有四种(其实还有其他)对《学而》的不同解读,但是,如果用在揭示"企业的目的"则是统一的——有朋自远方来,不亦乐乎。也就是复旦教授所说的:企业的目的是创造客户、用户。

为什么?

涩泽荣一的回答是这样的:如何才能有效地增加财富并让财富永存呢?唯一的方法就是立足于仁义道德,用正当的手段去致富,这样的财富才能长久。所以,当务之急就是要缩短论语与算盘的差距,让二者更紧密地结合在一起。

在感觉到压力的同时,却也觉得很庆幸,因为,我们正在这样做了——复旦教授在课程结束的时候说:我们把大家列入我们复旦大学管理学院校友名单里面去了——我们"被复旦校友"了;而主办方举办这个班、企业家参加这个班的学习,本身就是一种实际行动。当然,我现在所做的这件事,也是一种安慰和共勉吧。

突然之间,我觉得这句"学而时习之"或者另有一番意思:学习就是应该在恰当的时候进行。人应该根据生理特征,该学习的时候学习,该学什么的时候就学什么,当然,我们这些所谓的"企业家"也应该在该学习"创业"的时候进行创业的学习和实践。

不过,探讨仍在继续,问题仍然困扰着大家。

● **我们的事业将是什么?**

大圣人孔子为了致富,甚至可以去做执鞭的马夫——富而可求也,虽执鞭之士,吾亦为之。当然,孔夫子所说的富是指正当的富,对于不义之财和不合理的财富,他是嗤之以鼻的——如不可求,从吾所好。

再看看我们今天的社会,多少人为了赚钱昧了良心!

P2P本是一种很好的投融资及创业创新手段和方法,可是,看看今天市场上的P2P企业,确实有不少骗子公司。在我们经营的一所办公楼里就遇到过这么一家P2P公司,它专门针对五六十岁的老人下手,铺天盖地的广告宣传,并在它的广告中"承诺"年化回报率不低于40%。不少老年朋友禁不住诱惑、贪图一夜暴富,纷纷把多年来的积蓄甚至是跟子女要钱、跟亲朋好友借钱,投入这个所谓的P2P公司项目中去。我们的物业经理及时察觉到了这里面的问题,积极配合当地政府相关部门,帮助老人们要回了投资款,并协助政府做好企业整改工作。

这些P2P骗子公司就是抓住了老人不懂投资、不熟悉市场以及人性贪婪等特点,使以巧言令色,从而屡屡得手。实际上,孔夫子早就告诫过说,巧言令色鲜矣仁,花言巧语,装出和颜悦色的样子,这种人的仁心就很少了。可是,我们却很少能够禁得住利益的诱惑,根子里面还是"为富不仁"在作祟。

所以,我们创业者在创业之前,应该搞清楚自己究竟要创立一个什么样的企业或项目,是骗子公司还是仁义企业?

> 子曰:"弟子,入则孝,出则悌,谨而信,泛爱众,而亲仁。行有余力,则以学文。"
>
> ——《论语·学而》

孔子说,年轻人在家要孝敬父母,在外要做个良民、敬爱兄长,必须做到言行谨慎、诚实可信,与人交往时要充满友爱,对于德高望重的人(也就是今天大家说的:充满正能量的人)要亲近。做好这些以后,如果还有余力,就应当继续学习文献和知识。

现代公司有着深刻的历史烙印,其产生和发展是与社会生产力和商品经济的发展密切相关。公司从它的萌芽到其雏形的出现,经历了 1000 多年的时间。同时,公司最初产生于英国、荷兰、意大利等这样一些国家,而不是亚洲、非洲国家,这也不是偶然的。公司的产生有其独特的条件和环境。就公司产生的经济条件来说,公司是生产社会化发展的产物。生产的社会化在资本原始积累时期以后集中体现于贸易的广泛发展和信用制度的出现。贸易的发展使生产的活动领域不仅突破了地区性束缚,而且日益冲破了国界和洲际的限制,信用制度为生产规模尽可能扩大提供了可能。从文化背景看,欧洲的基督教文化传统在经过革新之后,包含了强烈的商品经济意识。

虽然,现代企业产生于欧洲,并且当今世界上的大部分公司也是参照其运营和管理模式来设立和经营,但是,从《论语》等历史材料我们就知道,中国远在孔子时代之前就已经有商贾活动,正所谓"行商坐贾"。

行商坐贾的主体是商人,现代公司的主体是法人。应该说,不管是行商坐贾还是现代公司,其核心主体都是人,对象都是商品。所以,我们创业者可以从孔夫子的这段教诲中得到启示,创设的公司是与人适当关系的实现的一种最佳方式。

这种适当关系的实现就是儒家所谓的"善"。以善为出发点设立的公司,就是往仁义企业出发的公司。而那些骗子公司,从一开始就没安好心,它们的目的在于不义的钱财和利益,它们的手段则是欺诈和哄骗,不仅败坏道德,而且违反法律、扰乱市场秩序和社会安定,更伤害了社会人格。

● **我们的事业究竟应该是什么?**

人格的价值不在于成就什么,而在于如何过这一生。这也是为什么孔子会说,"朝闻道,夕死可矣",人生最重要的是走上正确的方向,而我们做了几件好事、几个好项目,那要看机缘;我们成就了什么伟业,那要看机会。

子曰:"道千乘之国,敬事而信,节用而爱人,使民以时。"

——《论语·学而》

孔子说,要想治理一个大国,应该严谨认真地处理各种事务,恪守信用,施令及时,节约财务开支,爱护官吏臣僚,役使百姓服不误农时,要掌握好恰当的时间。

创业者的心思所想的都是人生的正道,整个创业过程的正道,整个人的价值、创业的价值都是完全呈现的。创业者一定要能够觉悟到,我的创业生命我自己负责。

在现实世界里,确实存在通过不道德手段而获得巨额利益的人和案例。比如,制毒贩毒、各类走私、卖淫嫖娼等,虽然由于社会和科技的发展,许多商业活动包装在漂亮和创新的外衣下面(如:网络直播公司、社交平台公司、商贸公司、P2P公司、网红平台公司、经纪公司等),但是依然没有改变它们是骗子公司的本质,和违法犯罪、不道德经营的实质。

孔孟儒学告诉我们创业者,不要泛道德主义,儒家的道德从来不能离开事功,一个人对社会没有任何服务跟贡献,就不能说自己是一个道德圆满的人。善是不能离开我们跟别人之间互动的关系。今日的时代,创业或许是最好的事功、行善、成仁和取道吧。

我们创业者的公司设立之后,应该从孔夫子的这段话中得到启发,严谨认真地处理各种公司经营和管理事务,恪守对顾客和公司内部的信用,节约公司财务开支,爱护同事和员工,让一同奋斗的同事、下属在工作的时候能够劳逸结合而不无聊,积极推动各项事务上轨道正常运行,直到止于至善,直至成就仁义企业。

所谓止于至善,是上升到人性的层面来说的大真、大爱、大诚、大智的体现,是自我到无我境界的一种升华,也是创业者从外在择善到企业家内在行仁的一种创业修炼和进阶。所谓仁义企业,是企业内含仁外显义,就是从自然人到法人的从形式到真实的转化。

2. 成败的标准

子曰:"视其所以,观其所由,察其所安。人焉廋哉?人焉廋哉?"

——《论语·为政》

孔子说,要了解一个人,应看清楚他所做事的动机,看清楚他过去的所作所为,看清楚他心安于什么情况,这样,这个人怎样能隐藏得了呢?这个人怎样能隐藏得了呢?

我们创业者或许可以从这段话中得到启发,在创业立项之初应该考虑清楚这个项目是否能够让我们"心安",因为创业路漫漫,若不是我们心安所在,就会给人浮躁的感觉,自己也会觉得无法舒展而常常不安。但是,若能心安,就表明在做这个事的时候,没有别的念头,觉得人生走到这一步蛮好的,一路走来问心无愧,做自己该做的事。若能心安,何必"隐藏"?

现代人大多不安,是因为有时候新闻、资讯太复杂了,每天上网、看电视有很多信息,看多了之后总觉得跟别人比起来,自己委屈很多,好像别人比我幸运啊,有贵人相助。于是,在"创新创业"的号召下,很多心怀不安的人仓促走上创业之路,不久之后却发现只是走到了另一条不安的路。

究其原因,不过就是孔夫子说得这段话,没有了解自己的真实情况,没有搞明白自己的创业动机,仓促决定自己的创业行为,归根到底就没关心自己心之所安为何。

一天,我的一位师弟,也是一名创业者,跑来跟我说是否得罪过某人,我很纳闷,因为我根本就不认识这个人。师弟跟我说,本来有个行业创业协会是邀请我做名誉会长,可是就因这个人(其实也是一位创业者)极力反对、极力中伤,协会不得已只好暂时搁浅了此事。不仅如此,师弟也因为跟我的这种关系而处处受到这人的挤兑。

我笑着对师弟说,我正愁找不到合适的理由推脱这个"抬举",这下还得感谢这个人了,帮了我个大忙。因为我知道如果给我这个名誉会长的头衔,确实是名不副实,我心难安。当然,更是因为我有自己安心的事情等着我去做,除此以外,别的其他事情都是让我分神分心的"无价值的事情"。此外,我们也没必要因为别人"安心的事情"让自己分心,心有所安,就完全没必要拿别人的"罪过"惩罚自己。

我们创业者一定要从事自己安心的项目,可以先反省自己做事的动机、过去所做的事情是否令自己心安,要知道我们现在的习惯是那些动机和过去的行为练习而来,若发现并不安心,要先痛下决心改过迁善。因为人性向善,心安在善。安则快乐,而快乐需要身心之外的一个特别的因素——对于创业者来说,这个特别因素就是一个能令自己安心的项目方向。不安则不快乐,不快乐是因为生命的最根本的自我没有得到安顿。

● 心安否

子曰:"兴于诗,立于礼,成于乐。"

——《论语·泰伯》

孔子说,启发上进的意志要靠读诗,具备出世的条件要靠学礼,达成教化的目标要靠习乐。

孔夫子的这九个字,已把创业者的一生做了一个清楚扼要的说明,就是要用"诗"开始、启发上进的意志,以"礼"立身处世,在以"乐"教化于企业、事业和社会。

这里的"诗",孔子原意是特指《诗经》,而《诗经》就是描述人们情绪、情感的诗集,没有真正意义上的思想。所以,诗可以兴、可以观、可以群、可以怨。今天,我们很多人没有读过《诗经》,也不是要求我们创业者非得读了《诗经》才能创业,只是说我们创业者应该关注自己的情绪、情感是否正向,也就是是否能让自己"安"。

孔夫子提出了礼和乐,帮助我们创业者省安、梳安、乐安——礼比法更积极,能引导我们怎样跟别人相处,鼓励我们与别人建立适当的关系;音乐(艺术、人文等)反映人的心声,最能够沟通、协调人际情感。

PQ公司是一家从事游戏和动漫开发、发布和运营的平台公司,曾几何时在业内红极一时,因在几大游戏发布平台排行第一、数款游戏日均销售流水过500万元,公司因此获得几大著名投资机构高得惊人的估值。可是,在重大经济利益的诱惑下,几位主创人员抛弃了创业之初的"海誓山盟",为了个人利益争论不休,无心经营公司的核心业务,最后,骨干人员络绎出走。同时,因内部疏于管理经营,造成在外部疲于应付知识产权官司的局面。内忧外患之下,PQ公司只得草草收场,留下阵阵叹息:一手好牌竟然打出一局通盘输!

这就是创业者心之不安造成的结果。他们并不清楚自己的心,也不曾关注自己的情感、情绪是否表达正确,更没有乐于自己创设的事业。

● **安则成功**

子击磬于卫,有荷蒉而过孔氏之门者,曰:"有心哉,击磬乎!"既而曰:"鄙哉!硜硜乎!莫己知也,斯己而已矣,'深则厉,浅则揭。'"子曰:"果哉!末之难矣。"

——《论语·宪问》

孔子留居卫国的时候,某一天正在击磬,有一个挑着草筐的人从门前经过,说:"磬声里面含有深意啊!"停了一下又说:"声音硁硁的,太执着了。没有人了解自己就放弃算了。'水深的话穿着衣裳走过去,水浅的话撩起衣裳走过去。'"孔子说:"有这种坚决弃世之心就没有什么困难了。"

这个荷蒉者估计是道家人物,靠着智慧就知道趋势何在,不愿意费太多力气,或者不愿意白费力气。孔夫子则不考虑我费多少力气,也不在乎能不能达到结果,他是要问自己该做的事做到没有。荷蒉者并没有非做不可的事,因为都在整体里面,今天失败下次成功,今天成功下次失败,所以不管成功失败,都不要得意,也不要难过。孔夫子不一样,成功的话跟别人分享,失败的话我们设法改善,不断修炼自己、努力奋斗,目的是为了把自己跟别人之间适当关系的实现(即:善)做到最好。如果说,佛家是"看得透放得下",那么,儒家则是"看得透放不下"。因为我的心不安,天下有一个人没有安顿,我的心就不安、就不忍。

沪上一名著名大学的教授,一直以来从事特钢工艺的研究和实践。有一次,邀请我到他的工厂参观,希望我们的基金能够对其工厂进行投资。因为工艺技术等难题,造成我国当前的特钢主要靠国外进口,就连我们用的剃须刀片全是进口的。教授通过喷雾成型的技术恰好解决了这一工艺技术难题，并已经生产出了一定量的特钢钢锭，也已在一些特殊领域（如：航空）开始应用。但是，由于技术、人才、市场、资金等因素，不能形成规模化效应。

虽然教授跟我说，他有信心保证每年不少于几百万的利润，但是考虑到我们基金的定位在爆发性强的领域，我婉转表示，这虽是个利国利民、能赚钱的好项目，如有机会，我个人愿意投资。或是教授没有听明白我的言下之意，继续追问我说，难道这个项目不好吗？难道这个项目不赚钱吗？我只好解释说，好坏本来就是基于每个投资人、投资基金自己的投资理念和定位来说的，此项目或许跟我们投资基金的定位不契合，但是跟我个人的投资想法是一致的。作为基金的管理者，我必须履行管理承诺；作为个人投资者，我愿意为自己的情怀买单。

我们创业者要有正确的成功观。

我们不要以为所谓成功创业者就是成为马云、王健林那样的人，一则那是凤毛麟角的随机事件，二则我们也不知道他们是否觉得自己成功。当今众多的创业者，要成为"比尔·盖茨"那样的成功人士，几乎不可能。成功的创业者就是从事着令自己安心的事业和项目，并通过这些事情的磨砺使自己跟别人之间适当关系得到实现，此即是儒家所谓的善。若能如此，我们的能力会越强、机会越好，可以做的就越多，这样如果在社会上出头的话，那才是社会和我们自己的福气。

3. 修养的意义

子曰:"君子周而不比,小人比而不周。"

——《论语·为政》

孔子说,君子开诚布公而不偏爱同党,小人偏爱同党而不开诚布公。

所谓小人,其实不是坏人,他只是一般人,有时候是缺乏学习的机会,有时候不懂得为什么要立志,不懂得人生的道理所在,所以是小人。而君子就是指有志向,要往上提升自己,成为君子。君子与小人的区别,其实也就是企业家与市井商人的区分。

在社会上创业,我们不能只在小圈子里做到大家亲近相处,还要能够开拓心胸,能够跟所有的人互相尊重、互相欣赏。这很不容易做到,因为这事关我们创业者个人的价值观和价值取向的问题。而一个人的价值观跟他所处的时代、生活环境、成长经历等内外因相关、变化、升华和蜕变。一般来说,人生价值观的行成可分为三个阶段:自我中心、人我互动、超越自我。人生就是不断选择的过程,选择的时候就是以价值观为参考。创业也是不断选择的过程,我们应该立志成为企业家,不断往上走,有情有义,再继续往上走,做到无私,最后止于至善。

为什么创业者需要有更加高尚的目标追求呢?其实,这个跟我们的人性有很大关系。几个志趣相投的朋友,围绕一个创业梦想一起打拼、一起吃苦、一起做事业是件很快乐、很美好的事情和经历,但是,有朝一日(其实这日子会比创业者想象中来得早),公司有起色、能赚点钱了,曾经为共同理想海誓山盟的伙伴们"友谊的小船说翻就翻",小则对簿公堂,大则成为水火不容的敌人。

在这些年的创业和投资经历中,见过太多这种"说翻就翻"的事情了。所以,我们一般会提醒早期项目的创业者,一方面,一定要把利益结构、公司架构想清楚,不至于"有朝一日说翻就翻";另一方面,一定要提高自己的修养,尽量对人性特点(注意,我们并不说它是缺点)有更大的容忍。

伟大的企业家都是对人性有深刻理解的人,他们不仅创造产品,也在创造产业。我们在路上的创业者,在做市场调研的时候,也应该认识到,最伟大的企业家做的事,这个市场根本没有,我们根本没有办法做市场调研。那怎么办?关注人性,比别人更深刻地理解人性。

● *修己身*

那么,创业者如何提升自身的修养?孔夫子的修养值得我们学习和借鉴——

> 子绝四：毋意，毋必，毋固，毋我。
>
> ——《论语·子罕》

孔子有四种修养：不凭空猜测，不坚持己见，不顽固拘泥，不自我膨胀。

老夫子也很强调："不自是故彰，不自见故明，不自伐故有功。"一个人不要自以为是，他才能看清事情，一个人不要认为自己所看到的是唯一正确的事情，他才能够明白道理。同时，老子还强调"三去"——"去甚、去奢、去泰"，去掉过度的欲望，去掉奢华的生活，去掉得意的神态。

当然，孔子也有"三忘"："忘食、忘忧、忘老"，连同老子的"三去"，都是很好的修养境界，也是我们创业者自我修养的目标。正所谓"英雄所见略同"，儒家孔夫子与道家老夫子如是，对欲望、对固执、对自我膨胀奉行一种减法的哲学，这对我们每一个创业者来说都有现实的参考意义和价值。

因为有让自己为之奋斗的理想目标和信念，所以在创业的过程中，容易废寝忘食，虽然道路曲折、环境艰苦，但是心中自有甜美，自然年龄也不会是前行的阻力。

MCPL公司是一家从事跨境电商综合服务的平台公司，公司成立一年多来，发展迅速、成长喜人。这不得不归功于它的创始人，一位将至知天命的创业者。同样，从事互联网教育SaaS平台服务的XB公司近年来的迅猛发展也离不开联合创始人其联合创始人,一位从主板上市公司、拿着数百万年薪的将近50岁的创业者。从事二手车领先检测技术及高效的交易流程业务的JZW公司的德国籍创业者,也是从德国知名汽车品牌领着近千万年薪的高管岗位辞职、年逾50岁的创始人,他们正在引领中国二手车检测及交易行业的发展……

这些优秀的创业者跟其他的创业公司不同,无一例外都是"高龄、高职、高修养"的创始人。或许正是因为人生的经历、职场的经验和生命的修炼都到了一定的程度,才明白自己想要的、能要的和能做的,这也恰好是"五十而知天命"的最好佐证吧。

他们的成功跟年轻的创业者"赚钱"的成功应该是不一样的,因为他们再创业之前已经是社会上的成功人士和高收入者,再创业就已经是一种生命的成功,是一种生命修养的体现。

实际上,我们很少有人真正知道自己为什么读大学和专业,也不知道为什么要从事现在的工作和岗位,一切看起来是自己的选择都是环境的选择,也就是一直在随波逐流而已。孔夫子告诫我们,不凭空猜测,不坚持己见,不顽固拘泥,不自我膨胀,或许就是要我们创业者找到自己真正需要去创的"业",然后我们就会发现真实的自己。

● 和人性

子与人歌而善,必使反之,而后和之。

——《论语·述而》

孔子在唱歌的时候,如果别人唱得好,就一定请他再唱一遍,然后,不是光听,还要跟着来和。

还有一个故事,有一天孔子下朝回家,马厩失火了,孔子只问了一句:"有人受伤吗?"这种在当时是不得了的人文关怀,因为在阶级的社会,马要比马车夫、工人、佣人这些下等人值钱多了、重要多了。但是,孔子只问人有没有受伤,可见他平常的修养积淀得多么深厚。

儒家作为一个人文主义,是把人性当作一个最基本的价值、每一个人都具备的,绝不能把人当作手段来利用,还要尊重人性作为一个人的特性。

我所效力的投资公司,合伙人们偏爱投TMT早期项目。在这一阶段的项目往往处在企业发展的关键阶段,一口气屏住了,或者有人在旁推一把,企业就能走上发展的快速通道。反之,就会归零,或者走向"低效企业"。处在这一时期的创业者,拼的不仅是智商和情商,更是逆境商——也就是人性修为。

有一天早上,我看到在我们项目孵化器的楼道上某创业公司的一位Top Sales拿着饮水壶里迎面走来,突然发生一幕令人很不愉悦的事情——这位老兄拧开了水壶,将里面的水狠狠地泼在了墙上的画上!我非常震惊和气愤,赶紧跑到监控室去取这个画面录像,并把照片和录像发给了这家公司的老板。

这个老板是位很有修养的创业者,在收到照片和录像后,第一时间来到我的办公室。当他推门进来的一刹那,我火气全消,因为从他脸上我看到了愤怒、郁闷和沮丧的复杂表情。他首先跟我表达了歉意,提出了补救措施,而后毫不含糊地表明了他对这种行为的极度厌恶的态度。紧接着,他把这位肇事者最近的工作情况、家庭情况做了说明,此人对公司当前和今后一段时间里的意义和价值表示了期待,按照他的个性和一贯的工作作风,确实应该开除肇事者,但是把公司价值因素、个人家庭因素等考虑进去,他提出还是给这人一次机会的解决方案。

这位创业者离开之后,他先找这位肇事者深谈了一次,然后陪着他到物业经理那里进行道歉和表达补偿意愿,最后还一起到我办公室进一步说明情况和解决办法,肇事者则像个犯了错的小学生向我保证不会再犯、坚决改正。

创业者不要忘记,不管创业的结果如何,到最后都是以人的身份来往,不要问我们在社会上有什么成就,只问自己是不是一个真正的人。或许,当我们作为一个人的话,自己本身的生命也会比较完整、比较健康吧。

4. 意志的价值

子曰:"吾十有五而志于学,三十而立,四十而不惑,五十而知天命,六十而耳顺,七十而从心所欲,不逾矩。"

——《论语·为政》

孔子说,我十五岁时立志求学,三十岁时可以立身处世,四十岁时可以免于迷惑,五十岁时可以领悟天命,六十岁时可以顺从天命,七十岁时可以随心所欲都不越出规矩。

这里说的是孔子的一生,也是他的创业简史,对我们创业者有非常特别的启发和借鉴意义。

孔子的职业简历大概是这样:做过仓库管理员,也做过牧场管理员,此外,他根据自己的特长替别人主持丧礼,也就是丧葬司仪,当然,他的主要职业是教师。

这恰好印证了孔夫子"无可无不可"。那么,为什么能够如此?在己惟仁也,在人则是惟义也。在儒家,"道"代表人类的正路,"仁"代表我个人的正路。

这一段给我们创业者很多的启发,首先是关于"立志",在《论语》里有三个对象,第一个是立志学习,第二个是立志行仁,第三个是立志求道。或许,只有志立了不会困于环境、苦于挫折,才能"无可无不可",才能立身、不惑、知天命、顺天命,最后因为自己的思想、行为已经完全符合、顺应天命,于是能够做到随心所欲。

展堂科技是中国新三板挂牌公司里面第一个宣布倒闭摘牌的公司,到目前为止,它和它的创始人一身债务纠纷,并已殃及多个投资机构及数百投资人。早在它挂牌之前,我有机会和主要创始人及创始团队有过接触,也就是当众多投资机构怂恿他们走新三板挂牌之路的时候,我就提醒创始团队:你们确实考虑清楚了没有?说它不好,只能说明我们不了解新三板的定位,以及对企业发展的作用。说它不好,只能说明我们不了解资本市场,也不了解企业发展的方向。说它不好,只能说明我们没有给我们的事业树立明确的目标,也没有了解自己的志向是什么。

展堂及其创业团队就是在不了解新三板、不了解企业自身发展情况、不了解团队自己需求的时候,盲目跟风挂牌,最后被市场拖死。更可怜的是,在最后的时候,创始人把烂摊子扔给了一个扫地的老阿姨,自己弄得身败名裂。

这恰是:三十不立志,四十陷迷惑;五十不知命,六十焉能顺?七十有欲不从心,悲哉不立志者也!

● 匹夫有志

子曰:"三军可夺帅也,匹夫不可夺志也。"

——《论语·子罕》

孔子说,军队的统帅可能被劫走,一个平凡人的志向却不能被改变。

"志",志向,志向是内心的事。人最可贵的就是一旦决定了要做什么事,这一生都要为这个目的而奋斗。衣带渐宽终不悔,为伊消得人憔悴。如果人生没有目标、没有奋斗的意志,那人生就只是过日子而已,那样的生命一点也不精彩。内心有志,天下没有可以改变和夺走我们的志向,坚持志向的人,生命才有尊严。

此外,正所谓"勇者无惧",勇者跟意志有关。意志跟勇敢有关,因为坚持的时候会有各种阻碍,各种反对的力量,那就需要勇敢。若再配合以智、仁形成"三达德",让我们在心智的运作(每天都要想一些事)、情感的互动(每天都要跟别人互动)、人生的选择等方面都可以知道方向所在。

展唐公司的衰败和灭亡早就有种种迹象。该公司的主营业务是当时最红火的手机4G技术及芯片,可是,主创团队好像并不是把主要精力和资源投入在技术的升级和市场的拓展上,而是放在了"歌功颂德"的其他事务上。例如，在资金很紧张的时候，为了所谓的气派，大肆扩展办公楼宇和场地，大量浪费并不需要的场地资源；工作重心放在追求各种政府补贴、高技术企业等个人和公司荣誉上，而不是放在核心业务开发上。

这里顺便提醒各位创业者，政府相关部门的产业引导资金、高新技术企业、领军人才等扶持和荣誉，虽然重要，但是绝不是主要和核心。一个企业的发展，主要还是自己的业务工作，政府的补助和奖励，只能是锦上添花。特别是在国家大力推进创新创业之后，各级地方政府对企业的扶持力度不断加大，有不少创业者就开始犯迷惑了，觉得拿政府的钱要比自己在市场上容易，就忘记了自己最初创业的理想和事业。

实际上，在近年来的各种创新创业大赛上，总是能见到一些熟悉的面孔和项目书，这些人的项目路演做得非常好，商业计划书也非常棒，对答评委的提问也是滴水不漏，在台下不明就里的观众和领导看来，他们就应该拿高分、得大奖。事实上，这些人已经把参赛当作了主业、把拿奖当成了公司营收。

那么，问题来了，这类项目和团队能否给予奖励呢？这里特别要指出一点让我们创业者警惕的是，政府制定很多产业政策，如果企业真的要靠这些产业政策来引领未来的创新，是有非常大的风险的。因为，产业政策隐含的一个假设是，政府官员或者科学家比企业家、创业者、商人更有能力判断未来,如果这种假设是对的,就不会存在真正的创业者和企业家。就产业发展的走向而言,能对未来做出最好判断的是创业者和企业家,不是政府官员,也不是专家学者。

或许,这些人(专业路演团队,或者说路演职业经理人)的"智"是没有问题的,也值得我们学习。但是,在志向和行仁方面一定出了大问题!其实,"志、智、仁"三达德是相辅相成的,缺任何一方面,都会造成悲剧甚至灾难。

虽是匹夫,焉敢无志?

● 逆境不惑

子张问崇德辨惑。子曰:"主忠信,徙义,崇德也。爱之欲其生,恶之欲其死。既欲其生,又欲其死,是惑也。"
——《论语·颜渊》

子张请教如何增进德行与辨别迷惑。孔子说:"以忠诚信实为原则,使自己的思想合于义,这样就能增进德行。喜爱一个人希望他活久一点,厌恶他的时候又希望他早些死去。既要他活,又要他死,这就是迷惑。"

这里给我们创业者的启示就是:理性、情感和意志的协调,也就是一个人智商、情商和逆境智商的协调和综合素质。在创业的路上,其实很多时候是面临逆境,我们能坚持吗?逆境智商,也就是意志,才是我们成功的关键。

作为创业者的我们,最大的逆境或许就是不肯原谅自己的过错。其实,只有原谅了自己,才能积极地去做该做的事。以前做错了,那就以后做好事,弥补过错。这才是真正的不迷惑,这才是真正的创业精神和创业意志。

第二次世界大战之后,战败国德国失去了一切,但却拥有一种非常宝贵的社会财富——创业者。联邦德国经济恢复的设计者亚当·斯密在当代的顽强化身艾哈德教授在反驳联邦德国许多悲观论者的观点时指出:"他们只看到联邦德国静态生产力的贫乏,而没有看到联邦德国的人力资源。几百万熟练的劳动力和大批企业家(实际上是创业者),是动态的、无形的生产能力,他们的创造性和智慧充分发挥,将使经济以意想不到的速度增长。"他在联邦德国经济十分混乱的时候,冒险推行"社会市场经济"制度,是因为他心中有一个十分坚强的信念,即一个国家拥有丰富的自然资源、资金等会有帮助,但真正的国家财富在于竞争的技巧和智能。战后联邦德国的未来掌握在一批受过教育的优秀人才,以及雄心勃勃、富有经验的工业企业家和业者的双手和头脑之中。

被称为"联邦德国经济奇迹的宠儿"的威利·施利克尔是德国实业界通过个人奋斗而发迹的最突出人物。

他出身低微，没有靠山，父亲是一个普通的造船工人。战后，他跟他的国家一样"一无所有"。但他凭着丰富的想象力和发达的大脑，以及对鲁尔钢铁业极为丰富的知识，做出了一番光辉的事业。最初，他经营钢铁贸易；接着，他经营煤炭，大西洋彼岸的无烟煤运到联邦德国出售，解决了联邦德国炼焦煤奇缺的困境；之后，他投资造船工业。为了能在世界市场上竞胜，他最早把电子计算机、电子控制和装配线生产方法用于造船工程。联邦德国成为造船大国与这位创业者、企业家的努力不无关系。在这不久之后，他就成为一位世界闻名的拥有23家公司的工商联合企业的企业主了。

在我们中国，春秋战国乱世时期，孔夫子曾经两次碰到危险，他都把天抬出来说，"天之丧斯文也，匡人其如予何"？"天生德于予，桓魋其如予何"？换句话说，天如果给我这样的使命，你们不能对我怎么样。这是多么值得我们创业者学习的"逆境商"啊。虽然这种话说出来其实没有什么用，别人要杀我们还是照杀。但是别人怎么做是别人的事，我自己还是要尽力而为。

这就是所谓的"君子上达"吧，也就是创业者们意志的价值所在吧。

5. 生活的准则

> 子曰:"《诗》三百,一言以蔽之,曰:'思无邪'。"
>
> ——《论语·为政》

孔子说,《诗经》三百篇,用一句话来概括,就是思想纯正。

此外,孔子还说过,诗可以兴、可以群、可以怨。这都是一种对人性的包容、反省、忏悔与谦卑的姿态。当然,就是告诉我们创业者在创业过程中,不忘要遗忘了自己内心最纯真的那份情感,也就是说,创业者的生活一定要有真诚的情感。若无纯正的真情实感,所谓的创业精神只会是一种抽象的符号,一种没有生命力的口号。

情感纯正,观念向善,是我们创业者的最大福气、号召力和感染力。我们创业者追求事业有成,追求经济利益和效益,或许最应该从这里着手。

历史告诉我们,创业者和企业家的影响不仅仅在经济方面。早在19世纪末,美国学者在研究了创业者和企业家的地位与影响后惊呼:"经营企业远非是一种职业,它是一种哲学、道德,也是一种生活必需。"也就是说,创业者和企业家除了影响经济,还影响到政治、教育、宗教等各个方面。

20世纪70年代末,日本农相中川一郎与美国特别交涉代表斯特劳恩就日美两国牛肉输入区域限制问题进行会谈,因观点分歧,导致决裂。斯特劳恩发表了言辞激烈的声明,日美关系进入二战后最坏的状态。此时,日本著名企业家盛田昭夫从中斡旋,使双方代表重新回到谈判桌上,最终使双方摈弃前嫌,取得了一致意见,化解了这场严重危机。日本首相在谈及此事时感慨万分:"多亏了一个企业家的帮助……如果没有他,后果将不堪设想。"

在当今世界上,由企业家(实际上,大部分还是创业者)组织的国际咨询会、研讨会、经济峰会、发展峰会,在国际决策中发挥举足轻重的作用。许多政府官员在考虑国际、国内的政治、经济、社会问题的时候,都不得不征求企业家和创业者的意见。企业家和创业者支配或影响着大大小小的经济王国,也影响着世界的政治、经济、思想、文化……

因此,企业家、创业者的情感纯正,观念向善,不仅影响和感召团队、员工,也影响客户和追随者,或许还会影响民族文化和世界文化。

当谨记:勿以善小而不为,勿以恶小而为之!

● 不善能改

子曰:"德之不修,学之不讲,闻义不能徙,不善不能改,是吾忧也。"

——《论语·述而》

孔子说,德行不修养,学问不讲习,听到符合道义的事不跟着去做,有缺点不能改正,这些都是我的忧虑啊。

创业生活的发展是要让人性趋于完美的一种修炼。先要好学,然后立志,有了创业生活的生命目标,再朝这个目标不断努力奋斗,日进有功、日新又新,止于至善。

张之洞是近代中国历史上的名臣,清代洋务派代表人物,他在武汉创办了汉阳钢铁厂。事实上,汉阳钢铁厂比美国钢铁大王卡内基创办的卡内基钢铁公司大概晚了不到20年(卡内基钢铁公司1873年创立、1875年建成,汉阳钢铁厂1890年创立、1897年建成),但是却不能相提并论。卡内基的钢铁公司最后成为美国乃至世界最大的钢铁王国,大量优质钢铁源源不断地输送到美国和世界各地;而张之洞的汉阳钢铁厂,当时亚洲最大的钢铁厂,从筹建到完工整整用了7年时间,耗费白银560万两,但开工生产后,其产品质量低劣,制造出的钢轨含磷过多、容易脆裂,以致利用官府力量强制购买,难以维持"销路",年年是巨额亏损。

究其原因,与张之洞的个人素质有很大关系。

一座规模庞大的钢铁厂在建立之前,必须对钢铁厂所需要的原材料、燃料、地质条件、技术设备,以及交通运输等各方面进行系统的调查和科学论证。可惜的是,这位有着复兴民族经济梦想的创业者张之洞,首先是盲目选址,其次是盲目购机,造成汉阳钢铁厂没有实现经济效益和生产效率很高的钢铁厂。

张之洞是一个成功的封建官僚,但是不是一位企业家,他所具有的是一个封建官僚的城府、修养和才能,缺乏的是企业家和创业者那种把许多生产要素最优组合在一起的素质和想象力。

历史的经验告诉我们,对于一个国家来说,比缺少资本、资源、技术更重要的是缺少企业家和创业者。没有形成一个以企业家、创业者为核心的经济增长动力机制,从而使整个经济缺少活力和发展的内在冲动。

中国的改革开放到现在快要40年了,前面二十年的发展,主要靠政策驱动;后面二十年的发展,基本靠物质资源(如:地产、矿产、石油等)。那么,将来二十年的发展靠什么呢?或许就要靠具有企业家精神和素养的创业者及人才。

我们国家正在通过鼓励创新创业的一系列举措,致力于培养企业家和构筑企业家精神,这是非常积极的政策环境和政治氛围。但是,更核心的是我们创业者自身的努力和选择。

我们要清楚,创业的生活要清楚"每一个人都有缺点",也要清晰"过失往往跟性格有关",有什么样的性格,就可能有什么样的过失。所以重要的是创业者要正视人性、正视性格、勇敢改正。针对自己的性格把过失去掉,性格的优点就会完全表现出来。

然后,才能以气定神闲的生活态度,过"子之燕居,申申如也,夭夭如也"的创业生活。"燕"就是"安",平时的生活。"申申如也",指态度安稳,好像手脚都伸展得开,没有什么烦恼。"夭夭如也",好像伸懒腰,神情舒缓。

● 趋益避损

子曰:"益者三乐,损者三乐。乐节礼乐,乐道人之善,乐多贤友,益矣。乐骄乐,乐佚游,乐宴乐,损矣。"

——《论语·季氏》

孔子说,三种快乐有益,三种快乐有害。以得到礼乐的调节为乐,以诉说别人的优点为乐,以结交许多良友为乐,那是有益的。以骄傲自满为乐,以纵情游荡为乐,以饮食欢聚为乐,那是有害的。

世界公民阿曼德·哈默闻名于世,被世人誉为百战百胜的"经营之神"。他在依卡特灵堡的时候,曾经以一颗人道主义者的心干了一位商人应该做的事:他乘坐的列车在伊卡特灵堡短暂停留的时候,看到上百个骨瘦如柴、饥肠辘辘的孩子敲打着从莫斯科开来的火车,乞讨食物;抬担架的人将难民车上的尸体源源不断地抬向一座公墓,"野狗在这可怕的地方徘徊,吃死尸腐肉的鸟类则盘旋于头顶"。

第二天,忧心忡忡的哈默来到了附近的矿山和工厂,他吃惊地发现那有成堆的皮毛,以及一堆堆的白银、乌拉尔绿宝石,还有其他宝石和各种矿产品。可是,当他在3英里外的一个小村庄散步的时候,却发现一个花白胡子的老头正在给自己做棺材,原因竟然是"我孤零零一个人,只有三星期的粮食了,往后就得饿死"。

于是,哈默指示他在纽约的同事立即向彼得格勒运来100万蒲式耳的小麦供给饥饿的居民,再用那里的皮毛偿还谷物之款。回到莫斯科后,他向列宁递交了开采经营石棉矿的申请,成为苏联经营企业的第一个外国人。此后,他又成为包括福特汽车公司在内的几十家美国企业在苏联的代理商。列宁亲切地称他为"人士"。

发现生活中的机会,就是创业者的趋善也是创业者的有效避损。所谓发现机会,就是寻找生活中潜在的不均衡。我们创业者的活动是以营利为目标、以市场为舞台的。市场本质上是一个不均衡的体系,营利机会正蕴藏在这种不均衡中。善于识别生活中潜在的、尚未被他人发现的营利机会,并灵活地充分利用这些机会,或是我们创业者成功的关键所在。

6. 企业的边界

> 子曰:"吾未见刚者。"或对曰:"申枨。"子曰:"枨也欲,焉得刚?"
>
> ——《论语·公冶长》

孔子说:"我没有见过刚强的人。"旁边就有人说:"申枨啊。"孔子说:"申枨有欲望,怎么能做到刚强呢?"

这就引申出来一个成语:无欲则刚。有所求就必有所待,别人就可以按照我们的欲望来左右我们、操纵我们——满足我们的欲望我们就高兴,否则我们就难过。如此,必将导致故步自封,大事不成!

在今天这个多屏的时代,人们的消费行为发生着深刻的变化,于是,精准营销、大数据营销、社交媒体营销这类创新的营销方式产生了,并正在酝酿着一场更大的商业革命……

2016年上海"两新"组织优秀领导人社会主义核心价值观研修班第三次课"消费新趋势与营销创新",复旦大学管理学院的教授带领大家领略了这场正在发生着的商业革命。这场正在发生着的商业革命让人感觉炫目和晕眩,老师安慰我们说:做企业,最根本的东西没有变,那就是要了解人性中那些基本的特性。

对,人性的基本特性确实值得我们企业做营销的重视,但是,反思这两年发生的种种营销事件(如:某品牌的更衣室门、某专车恶意广告等),或许我们更应该思考人性基本特征的"正负面"清单,然后,弘扬和推行正面清单,摈弃和抑制负面清单,维护好这场商业革命的商业道德。

有子曰:"其为人也孝弟,而好犯上者,鲜矣;不好犯上,而好作乱者,未之有也。君子务本,本立而道生。孝弟也者,其为仁之本与!"

——《论语·学而》

孔子的学生有子说,一个人作为孝子和良民,绝不会以下犯上;不会以下犯上的人,也绝不会破坏国家的和平与社会秩序。君子会把精力放在根本的事务上。根本建立了,就有了治国做人的原则智慧。那么,做一个孝子和良民——这些难道不是构成道德高尚生活的基础吗?

在历史上,孔子一开始并不是以宗教家的身份出现的,他与基督或释迦牟尼不同,他并不是以宗教思想去处事的——欧洲意义上的宗教教导人要成为一个好人,而儒学教导人要成为一个好公民;宗教说:"如果你想有宗教信仰,你必须成为一位圣人、一位佛、一位天使",儒家却说:"如果你作为一个孝子和良民而生活,你就会有信仰。"

《论语》总的思想方针是律己,其中有各种各样的主张,但总的来说是从一种消极的角度讲人道。如果我们大力推行这种主张,并且把它作为企业的经营和销售方针,必然能成为企业之本。

这就是商业道德,也是创业者道德、企业家道德。日本企业之父涩泽荣一认为:"如果是带有攻击性的妨害他人利益的竞争,都能归结为恶意竞争。相反,能对行业内的竞争起到促进和催化作用,那么这样的竞争都属于善意竞争。"他也提醒年轻的企业家们:"只要合理,正当地去与人竞争,不会被认为是不讲道德的一类人就可以了。"

● 近仁

子曰:"刚、毅、木、讷,近仁。"

——《论语·子路》

孔子说,刚强、果决、朴实、谨慎,这样就接近人生正途了。

刚跟毅是人应该修养的两种特质,木跟讷是人保持真诚的本性。刚毅木讷配合起来,要找到人生的正路就相对比较容易了。当然,对于一个企业来说,在其企业文化内涵里重视营造刚毅木讷,其恰恰也就是走在企业发展的正途上了,何愁前途渺茫?

在《圣经·马太福音》中有这么一段话:"凡有的,还要加给他,叫他有余;没有的,连他所有的,也要夺过来。"人们发现这段话用在一个人(特别是创业者和企业家)身上判断其成功的时候,特别适用,还给了一个专有名字"马太效应"——指强者愈强、弱者愈弱的现象,广泛应用于社会心理学、教育、金融以及科学等领域。马太效应,是社会学家和经济学家们常用的术语,反映的社会现象是两极分化,富的更富,穷的更穷。"马太效应"与"平衡之道"相悖,与"二八定则"类似,是十分重要的人类社会规律。当然,类似的话语和思想,我国古代哲学家老子曾提出:"天之道,损有余而补不足。人之道则不然,损不足以奉有余。"

这里其实点出了一个事实:一个企业的发展、创业的成功是要持续积累的。很多时候,我们创业者个性的作用并非个人成功的决定因素。所谓的成功人士并非白手起家,他们以某种形式获得家族的荫蔽和支持。那些最终变得卓尔不群的人,看似完全依靠个人奋斗,其实不然。事实上,他们一直得益于某些隐蔽的先天优势,或是非凡机缘,抑或某一文化的特殊优势,这使得他们学得快、干得多,以普通人难以企及的方式认知世界。出生的时代与地域,对个体的影响巨大。而我们所处的文化背景,以及我们的祖先留传下来的东西,在我们无意识的情况下,就已限定了我们获得成功的方式。因此,我们创业者只关心成功人士、企业家是什么样的人这远远不够。我们还必须探究他们从哪里来,只有这样才能明白为何只有某些人才能成功。

孔夫子这里提出的"近仁"之道,就是给了我们开启"探究"成功人士和企业家为何成功的一把钥匙,从这几个方面去揭开他们的人性特质:刚强、果决、朴实、谨慎。当然,这样一来,就给我们的企业划定了一些人格边界,让我们创业者从这几方面去发现自己的人性特征。

● 就义

司马牛忧曰:"人皆有兄弟,我独亡。"子夏曰:"商闻之矣:死生有命,富贵在天。君子敬而无失,与人恭而有礼,四海之内皆兄弟也。君子何患乎无兄弟也?"

——《论语·颜渊》

司马牛很忧愁地说:"别人都有兄弟,就是我没有。"子夏说:"我听说到的说法是:'死生各有命运,富贵由天安排。'君子态度认真而言行没有差错,对人谦恭而往来合乎礼节,天下的人都可以成为兄弟。君子又何必担心没有兄弟呢?"

根据儒学专家们的研究和说法,"商闻之矣"通常是听孔子说的。这段话给我们创业者许多的启发,我们在发展企业的时候,不要忘记,与人相处时"敬而无失"、"恭而有礼",就是态度认真而言行没有差错,对人谦恭而往来合乎礼节。这样才能"四海之内皆兄弟",就算到国外去发展、就算语言不通,与人相处也没有问题,四海之内都可以称兄道弟。

生物学家讨论生物体时常会涉及"生态学"。森林里最高的橡树之所以长得最高,不仅因为有一颗最优质的种子,还因为它在成长过程中没有被其他大树挡住阳光,它生长的土壤深厚肥沃,它在还是幼苗的时候没碰上兔子、耗子啃树皮、树根,它长成以后也没被砍伐。人们通常只想到杰出人士、企业家是最优质的种子,但很少想到成材、成器还必须有充足的日照,有深厚肥沃的土壤,有足够的运气躲过兔子、耗子和伐木工人。

所以,司马牛的忧叹有深刻的道理。不过,子夏则从积极乐观和充满道义的角度看待这个问题:四海之内皆兄弟!因为,我们创业者现在遇到的情况,也会是其他创业者遇到的类似情况,也是成功的企业家们遇到过或者正在遭遇的情况,也就是别人的情况比我们的情况好多少。或许我们大家(不管是创业者还是企业家)应该"抱团取暖"、"众人拾柴",联合起来,增强产业能力扩大共同市场、协同企业发展,以此不断扩大企业发展的边界和规模。

如何联合?儒家的建议是:义。创业者们为人处世应该态度认真而言行没有差错,对人谦恭而往来合乎礼节。

7. 经营的权利

> 子谓子产:"有君子之道四焉:其行己也恭,其事上也敬,其养民也惠,其使民也义。"
>
> ——《论语·公冶长》

孔子评论子产说:"他有四种行为合乎君子的作风:第一,容貌态度保持恭敬;第二,服侍君上出于敬意;第三,照顾百姓广施恩惠;第四,役使百姓合于分寸。"

马尔科姆·格拉德威尔被誉为"21世纪的彼得·德鲁克"。在他的《异类》一书中,他用大量的案例和数据为我们揭开了一连串令人惊异的统计结果:英超联赛大多数球员都在9月至11月出生;比尔·盖茨和史蒂夫·乔布斯都出生在1955年;纽约很多著名律师事务所的开创者竟然都是犹太后裔,并且其祖辈大多在纽约服装行业谋生。

为什么会出现这种情况?原因在于:英超球员的注册时间是每年9月,在同龄球员中,9月出生的人实际上比8月出生的人几乎大了一岁,一岁之差对他们的职业生涯影响巨大;1955年前后正是计算机革命时期,出生太早,无法拥有个人电脑,而出生太晚,计算机革命的机遇又被别人占去……因此,那些奇才异类得感谢机遇的眷顾。另外,他们的成功还需要上辈人的文化熏陶,与文化传承息息相关;中国人的数学优势得益于中国人种植水稻的勤劳精神和汉字的简洁明了;20世纪90年代韩国较高的飞机失事率,也是韩国上下级之间过于严格的等级制度造成的。

再回到孔夫子这段评论,我们创业者得到的启发和格拉德威尔要告诉我们的一样:机遇、文化和环境因素,加上个人的聪明才智和经久不懈的努力,才能使我们取得不凡成就。成功者,换句话说,就是那些获得特殊机遇的人,他们因此取得了更大的进步;富有者因取得了更多的减税优惠和政策扶持从而变得更富有;成绩优异的学生因获得了更优秀的老师指导、学校更多的关注、优势资源的倾斜,从而取得更好的成绩……

孔夫子提到的:态度恭敬、敬畏之心、对人友善、恩威并重,这四个方面让我们在创业过程中,更能获得机遇,更能尊重文化,更能适应环境,加上我们的聪明才智和反复操练,使我们在企业经营中获得更多的发展主动权。从而更能将"优势积累",实际上,在社会学领域所谓的成功就是"优势积累"的结果。

● **能行懂止**

子曰:"恭而无礼则劳,慎而无礼则葸,勇而无礼则乱,直而无礼则绞。君子笃于亲,则民兴于仁;故旧不遗,则民不偷。"

——《论语·泰伯》

孔子说:"一味谦恭而没有礼的节制就会徒劳,一味谨慎而没有礼的节制就会畏缩,只知道勇敢行事而没有礼的节制就会制造乱局,只知道直言不讳而没有礼的节制就会尖刻伤人。领袖对待亲友厚道,百姓中就会兴起仁义的风气;领袖不遗弃过去的友人,百姓就不会刻薄无情。"

创业者在经营中应该展现自己的德行、善行,就是谦恭、谨慎、勇敢、直爽地开展各种经营和管理活动,但是,要注意分寸。真正的快乐是一种温和的自我节制,是稳定地保持一种和谐的状态。真正的经营之道,就是一种在经营活动中温和节制、保持和谐的状态和选择,该做就做,要止则止。

阅读过比尔·盖茨成长故事的人都知道,他的成功不仅是因为天才的头脑和雄心壮志,还有九大机遇:

机遇一:盖茨转学进入湖滨学校。在1968年,世界上没有别的高中像湖滨学校那样拥有分时系统的计算机终端。

机遇二:学校的家长会基金足够支付学校的电脑费用。

机遇三:学校经费用完以后,一位同学家长开的公司(C-Cubed)正巧需要利用周末测试程序代码,既然周末需要工作,也就不在乎是否工作到周末晚上。

机遇四：盖茨恰巧找到ISI公司，该公司恰巧需要人员编写工作管理软件。

机遇五：盖茨的家正好在华盛顿大学不行范围内。

机遇六：华盛顿大学的计算机恰好每天凌晨3点到6点无人使用。

机遇七：TRW公司正巧与巴德·彭布鲁克有业务关系。

机遇八：优秀的程序员彭布鲁克在需要解决特定问题的时候想到了这两名中学生。

机遇九：湖滨学校竟然同意学生们远行到外地，花一个春季的时间编写电脑程序。

我们来看一下，这些机遇有着什么样的共同点？答案就是给了比尔·盖茨更多的练习时间。当盖茨大学二年级从哈佛辍学自己开公司的时候，他已经不间断地学习编程7年了。

"全世界不可能有超过50个人像我这样，"比尔·盖茨自己说，"我为C-Cubed公司工作过，编写过工资单程序，然后为TRW公司工作——所有这一切都是一起到来的。我认为我在很年轻的时候就对软件开发有着比同龄人深刻得多的认识。我获得的这一切都是一系列不可思议的运气的累积。"

回顾我这人生四十年，虽然真正在外设立公司开展创业时间不长，可是，我高度认同比尔·盖茨的这段感触。今天的我们，"恰好"是我们所经历的"累积"。我们创业者或许应该从自己过去的生命经验中,找到自己已有的"累积"点,然后把这些生命的"累积",积累得更加深厚、深刻和深远。或许这样做了之后,我们的创业将更加有意义和富有成交义。

克里斯托弗·兰根(Christopher Langan)被大家公认为"全美最聪明的人"。他在2008年美国智力竞猜电视节目"以一敌百(1 vs.100)"比赛中,当赢得250000美元的时候,他暗中盘算了一下,如果再玩下去就有可能失去前面所得的一切,这个风险大过于继续得分的可能。忽然,他停下了。"我现在退出比赛,提取奖金。"他说。他坚定地握了握主持人的手走下台去——在最巅峰的时刻收手,这正是天才们、创业者们和企业家们的行事方式。

● 人能弘道

子曰:"予欲无言。"子贡曰:"子如不言,则小子何述焉?"子曰:"天何言哉?四时行焉,天何言哉?"

——《论语·阳货》

孔子说:"我想不再说话了。"子贡说:"老师如果不说话,那么我们学生传述什么呢?"孔子说:"天说了什么呢?四季照样在运行,万物照样在生长,天说了什么呢?"

孔夫子虽然说是学不厌、教不倦,但是偶尔是会发发感慨。如果要求每个人每天都表现得乐观、奋斗、向上、进取,那太难了。即便偶尔感叹,只要继续努力,还是很可贵的。

创业不是只靠一个人,就跟政治不能靠一个人、教育不能靠一个人一样。如果创业只靠我们自己一个人,那个人责任也太大了。难道我们现在不说话,人类社会就真的无路可走了吗?

孔夫子"五十而知天命",那是他把天当作管理人间的最高的神明。"天"是最高主宰,并且是天让"四时行,百物生"。天不用说话,它的作用就是它的意思。我们创业者当从孔子的这段对话中明白:如果一个人真诚从内而发,就可以走上正确的道路,不一定非要什么指南、宝典之类的东西。也就是我们一直强调的:人能弘道,非道弘人。

纵观那些获得特殊机遇眷顾的人们,总能努力工作,并胜任使命;与机遇相伴的人,总能取得非常的成就。他们的成功并不仅仅是自己努力的成果,更是独特的成长环境促成的结果。

这里面其实给我们创业者两点重要启示:一是创业者必须努力提高自身素养,努力工作;二是必须辨识出自己所处的"独特的成长环境",然后"弘"之。

或许,我们创业者们应该重新审视自己的人生和生活环境：我们有没有过于相信成功是个人的事情，所以损失了许多成为"天才"的机会。其实，很多制度过早地将我们一部分人划入失败者行列，阻碍了这些人成长。我们对成功者顶礼膜拜，对失败者却漠不关心；我们忽视了社会机制对个人成才的巨大影响，这些都使得我们变得越来越被动，而这里的"我们"就是指社会。

欧美的心理学家们发现了一个叫"10000小时法则"[1]，就是不管你做什么事情，只要坚持一万小时，基本上都可以成为该领域的专家。我们认同成功是天赋加上后天的努力。但是，随着心理学家对天赋的研究越深入，就越发现天赋的作用其实很小，后天努力的作用其实更大。

心理学家K·安德斯·埃里克森的天才研究工作得出了引人注目的结论：第一，根本没有"与生俱来的天才"——花比别人少的时间达到比别人高的成就；第二，也不存在"劳苦命"——一个人比别人努力却无法比别人更优秀。也就是说，唯一能使我们创业者取得部分成就的方法就是：刻苦学习、勤奋工作，也就是人们常说的"天道酬勤"。

---

[1] 格拉德威尔在《异类》一书中指出："人们眼中的天才之所以卓越非凡，并非天资超人一等，而是付出了持续不断的努力。1万小时的锤炼是任何人从平凡变成世界级大师的必要条件。"他将此称为"一万小时法则"。要成为某个领域的专家，需要10000小时，按比例计算就是：如果每天工作八个小时，一周工作五天，那么成为一个领域的专家至少需要五年。这就是一万小时法则或叫一万小时定律。

第二篇 立业于望

贾以仁为重——动机

精神创造:我们创造我们灵魂所构思的存在,我们的精神从各种欲望中做出选择。

行贾以五常[1]为臆。贾是个多音多义字,《说文》:贾(gǔ),市也。子贡曰:"有美玉于斯,韫椟而藏诸?求善贾[2]而沽诸?"子曰:"沽之哉!沽之哉!我待贾[3]者也。"

因此,行商坐贾心中当有仁义礼智信的尺度。

[1] "三纲五常"是汉代以后出现的,三纲就是"君为臣纲,父为子纲,夫为妻纲",五常就是"仁、义、礼、智、信"。不过,孔子说的是"君君臣臣父父子子",君要像君、臣要像臣、父要像父、子要像子,并明确告诉自己的学生,真正的大臣就是八个字:"以道事君,不可则止",用正道来服侍国君,行不通就辞职,所以孔子后来就辞职离开了鲁国。可见,三纲是专制政体催生的糟粕,完全背离了孔子的思想。五常的说法也有问题,孔子、孟子从来没有把信提高到与仁、义、礼、智同等重要的高度。孔子主要讲仁、义、礼,偶尔提到智。孟子把它们综合起来成为仁、义、礼、智,而且说得很清楚:"大人者,言不必信,行不必果,惟义所在。"仁、义、礼、智分别是恻隐之心、羞恶之心、辞让之心、是非之心,四种内心力量要求人去行四种善。这里把信加进来,是处于创业者还在德行的修炼成长过程中,还未到企业家的"大人者"高度,希望创业者以"信"(真诚之心)行商。

[2] jià,通"价"。

[3] gú,商贾。坐贾指做生意是开有店面的,行商是到处奔走,把货物从这里运到那里去。

8. 企业的本质

> 颜渊、季路侍。子曰:"盍各言尔志?"子路曰:"愿车马衣轻裘与朋友共,敝之而无憾。"颜渊曰:"愿无伐善,无施劳。"子路曰:"愿闻子之志。"子曰:"老者安之,朋友信之,少者怀之。"
>
> ——《论语·公冶长》

颜渊与季路站在孔子的身边。孔子说:"你们何不说说自己的志向?"子路说:"我希望将自己的车子、马匹、衣服与朋友共用,就算用坏了也不抱怨。"颜渊说:"我希望不夸耀自己的优点,不把劳苦的事情推给别人。"子路说:"我们想听听老师的志向。"孔子说:"我希望我能使老年人都得到安养,使朋友们都互相信赖,使青少年都得到照顾。"

这段对话,触碰到一个如何与人相处的问题。事实上,恰当处理人与人之间的关系,就是善的本意。我们常说的"行善",就是能够使人与人之间恰当的关系展现出来。孔夫子与学生子路、颜渊在这里实际上就是在讨论个人的"行善"观。

那么,对我们创业者有怎样的启发呢?当然,能帮我们明白自己成立企业推进事业发展的本质究竟是什么。

前面提到的被誉为"全美最聪明的人"克里斯托弗·兰根，虽然智力非凡，拥有万里挑一的智慧，可是最终却是生活在密苏里北部的一个牧马农场，"整天穿着T恤、牛仔裤，悠闲地坐在自家后院……他心知肚明这一切多么不合理：这种生活与他的天资丝毫不符"——马尔科姆·格拉德威尔在《异类》中感叹道。

可是，小时候与兰根智力程度相当的罗伯特·奥本海默（Robert Oppenheimer）却成了美国著名的物理学家，他是人类第一颗原子弹项目"曼哈顿计划"的带头人。据说他曾经从实验室偷来化学制剂准备毒死自己的导师，但是，在20年后奥本海默（38岁）被委任为"曼哈顿计划"首席科学家。

对比这两位智商卓越的人，兰根因觉得无人帮助自己而放弃了学业，奥本海默则同意接受心理治疗。兰根和奥本海默同是天才，但从另一个层面上讲，他们又天壤之别——那就是"实践智力"上的区别。

所谓"实践智力"，从本质上说是一种实践能力，是帮助我们正确了解形势从而获得我们想要得到的东西的知识——说得那么拗口，其实却在我们身边无处不在，那就是"行善的能力"。

对于我们创业者来说，我们设立的企业的本质就是创业者跟同事、顾客之间适当关系的实现的载体，也就是说,企业的本质是一种行善的实现。

● **以诚建企**

子曰:"人之生也直,罔之生也,幸而免。"

——《论语·雍也》

孔子说:"人活在世间是由于正直,而不正直的人也能生存,那是他侥幸避免了灾祸。"

如何在商业社会里创业、立足?《论语》给我们的建议就是"直"——就是由内而外直接出去,真诚、正直。一个人要在商业社会立足,就应该真诚,真诚之后才能够与别人建立恰当的关系。真诚的心一旦表现出来,人的生命就会有非凡的表现,生命的品质也会往上提升,企业的品格也就自然高了。

其实,孔子的理想很清楚,简单来说就是:人性向善,我们只要真诚,就有力量从内而发,要求自己去行善。善就是我们自己跟别人适当关系的实现。我们了解这点之后就发现,如果把人性充分实现的话,一定不能离开人群——这点恰好是"企业"的基本功能——要尽力把我们跟人群的关系做到最恰当——这恰好又是"企业"的目标。只要我们有能力就尽量服务别人,让这个社会因为我们的努力而变得更好——这恰好是企业的最终目的。我们跟父母相处要孝顺,以此推及到天下人,都要有适当的关系——企业恰好通过其适当的产品和服务的销售去实践。这样,我们(恰好,我们是创业者)的能力越强、机会越好,可以做的就越多,如果在社会上出头的话,那才是社会的福气。

此外,结合孔子的"君子"思想,所谓"不得中行而与之,必也狂狷乎,狂者进取,狷者有所不为也",其实,企业和创业者或许也能分为三类:中行者、狂者和狷者。首先是狷者,有所不为,设法避免所有的不好行为;其次是狂者,积极进取,正面积极地去做好的行为;最后是中行者,奉行中庸之道,不做不该做的事,同时,去做该做的事。

PQ游戏公司在之前的几年发展得非常好,一度被投资界和业界追捧,甚至有知名机构开出近10亿元人民币的企业估值。那段时间是PQ最好的发展阶段和最好的调整机遇,因为有多到"数也数不清"的资金可以利用。

可是,谁也没想到,一件内部股东的小纠纷把PQ公司毁了。PQ公司的核心竞争力就是其手机游戏平台上发布的IP,它靠这些游戏IP抽取适当的运营回报。某一当年最红的游戏IP一举夺魁之后,PQ公司的估值一年内飙升到了10亿元人民币。可是,这时候纠纷也就随之而来,即知识产权的真正归属问题。这里的核心问题并不是"归属问题",而是股东之间的互相怄气。创始人认为对方做法不堪入目,不愿意补偿;另一方则因为这位创始人"恶劣"姿态,不肯妥协。最后,在双方的口水战和拉锯官司中,PQ公司陷入窘境——因为官司缠身和网络攻击,PQ公司没能及时获得持续资金的注入、无法完成公司的兼并,最后因流动资金的断缺而宣告破产。

曾经的辉煌掩盖了很多根本的问题,在企业发展关键的时候,一旦爆发出来,就是毁灭性的打击。

● 以乐兴业

子曰:"知之者不如好之者,好之者不如乐之者。"

孔子说:"了解做人处事的道理比不上进一步去喜爱这个道理,喜爱这个道理比不上更进一步去乐在其中。"

孟子曾说"可欲知谓善",让我们心里觉得很喜欢的就是善。

从历史来看,西方农业发展的模式是"机械导向型"的,就是农场主想要提高工作效率增加产出,就需要购进更多高新技术设备,如拖拉机、打谷机、联合收割机等,用机械代替人力。有了机械的帮助,付出等量劳动可以耕作更多土地,农场主们进而开辟更多耕地。但是,在中国,一方面农民们没有足够资金购买农业机械设备,另一方面也没有更多土地可以转化为新耕地,农民们要想增加产出，只能靠更熟练的耕种技术，更精确的耕种时间，以培育更优良的水稻品种。于是，人类学家佛朗西斯卡·布雷将稻田文明称为"技术导向型"农业——只有更精心除草，更小心施肥，密切观察水位变化，有效控制黏土层，利用好稻田的每一寸土地，才能获得丰收。

毋庸置疑，千百年来种植水稻的农民是种植各类农作物的农民中最辛劳的。马尔科姆·格拉德威尔在其《异类》一书中，比较了世界各地农民的耕种模式和劳作时间，最后认为珠江三角洲的农民每年3000小时的工作量是超乎想象的，他们时常要在炎炎烈日之下，在稻田里耕种、除草。因此，格拉德威尔认为珠江三角洲的农民和投身纽约制衣业的犹太移民很类似，都是追求有意义生活的一群人。

创业的人生就是"追求有意义的生活"。在这方面，我们中国人或许更有优势。做一项有意义的工作可以给人带来多么不可思议的影响。或许，成功的创业者就是那些获得特殊机遇的人，就是那些耐心等待，当机遇到来时就当仁不让把握住机遇的人。

或许，态度真的比能力更重要。只要我们创业者有意愿，就能驾驭创业这件事情。成功就是坚持不懈，就是顽强不屈，就是别人花30秒钟就放弃的事，我们却愿意花20分钟以上去思考的坚定信念。当然，据研究说明，人们的这一品质或许是发源于我们自己所处的文化本身。

9. 商业的本质

子华使于齐,冉子为其母请粟。子曰:"与之釜。"请益。曰:"与之庾。"冉子与之粟五秉。子曰:"赤之适齐也,乘肥马,衣轻裘。吾闻之也:君子周急不继富。"

——《论语·雍也》

子华奉派出使齐国,冉求替他的母亲申请小米。孔子说:"给他六斗四升。"冉求请求增加一些,孔子说:"再给他二斗四升。"结果冉求给了他八百斗。孔子说:"子华到齐国去,乘坐的是肥马驾的车,穿的是又轻又暖的棉袍。我听人说过,君子周济急需救济的人,而不是周济富人。"

近年来,内需对中国经济的贡献稳步提升,中国中产阶级的壮大促进了中国经济的多元化,这是一种积极现象。紧跟着这种消费驱动型经济的转型,越来越多的中国人梦想着成为企业家,并希望向企业家那样去思考问题,付诸行动。所以,我们中国的创业者比以往任何时候,都更迫切地需要了解商业的本质是什么。

杰克·韦尔奇说,商业归根结底是一项"团队运动",必须依靠团队的力量。而在商业运作过程中,我们必须以宽广的视野去统筹方方面面的资源和因素,"科技"和"人"对商业产生的驱动作用非常显著,它们既会受到全球化大潮的影响,也会受到本地因素的影响。因此,商业运作是一项非常宏伟的事业,而前景难以预测。

我在2016年出版发行的《易经管理密码》原是想从经典国学《周易》里面去探寻商业这个"难以预测"的发展规律,经过研究分析了大量的实践案例和管理经验,却依然发现无论什么时候我们都不能说"终于大功告成,可以高枕无忧"之类的话。如果有人看过《易经管理密码》和这本《论语管理密码》,就会发现已有几个案例并不像之前那样乐观地发展,也有不少案例经过管理调整如今"上了轨道"。

实际上,商业的本质是通过统筹和协调,使得各种适当的社会关系的实现。因为,善就是人与人之间适当关系的实现,所以,换句话说,商业的本质或许就是通过创业者和企业家的统筹与协调,使"行善"成为风尚和文化。

结合孔夫子这段话,我们创业者应该领悟到:真正的商业,应该是周急不继富。创业者(企业家)真正的商业活动,应该围绕"雪中送炭",而不应该"锦上添花"。

● **价值兑换**

子曰:"君子谋道不谋食。耕也,馁在其中矣;学也,禄在其中矣。君子忧道不忧贫。"

——《论语·卫灵公》

孔子说:"君子追求的是人生理想而不是衣食无缺。认真耕田自然得到了食物,认真学习自然得到了俸禄。君子担忧的是人生理想而不是穷困生活。"

一般来说,如果我们在衣食方面着眼于最低标准,不需要费太多心思。人应该去谋的是道,就是人生理想。作为人生理想,"道"不但是一个认知问题,更进一步,还要去实践——现代商业提供了一种很好的去实践道的方案和路径。孔子经常提到,君子应该追求道,不应该为吃得不好、穿得不好而烦恼,因为实践道需要花一辈子的时间,并且要精益求精,永远没有最完美的程度。

因此,从这段话中,我们得到创业启发:现代商业的本质,或许就是创业者们(企业家们)以善实践道的一种有效的价值兑换方式。

在马尔科姆·格拉德威尔《引爆点》中,作者详细介绍了一种商业引爆点的概念,引爆点是质变来临前的关键一点,就像是沸点和临界点,这个点引起的是某流行潮的突然全面爆发。格拉德威尔还认为,所有的流行潮都有一个引爆点。虽然,在内心深处我们都可能是渐进主义者,我们的期望值是以时间稳定消逝为基础的。但是,在引爆点的世界中,出乎意料的事情会变成现实,剧变也不仅仅停留在可能的层面,同我们所有的预期相反,这些具有必然性。

对于我们创业者来说,如果能把这个"引爆点"适时地找出来,或许,恰恰是让我们的项目走上"轨道"的推动力。也就是,从某种意义上来说,创业的某一阶段,就是要把这个"引爆点"找出来,然后,才能真正走上商业行善的价值兑换的路。

WYT公司是一家从事供应链金融的创业公司,在短短不到三年的时间里,公司估值从500万元人民币飙涨到6.5亿元人民币,并以该投前估值获得了B轮融资。两年前,我们第一次接触到WYT公司,在听了他们创始团队2小时的商业计划书PPT介绍之后,我们当即表示了投资诚意。

WYT公司这几年来之所以能够获得投资人的青睐,主要是它给管理水平低下的中小物流公司一个提升自己运营水平的机会,同时,它用这些物流公司的日常运营数据做了一个数据模型,并将这个数据模型"抵押"给银行。这些原来基本上没办法获得银行贷款的大量中小微物流企业得到了银行的放贷,从而使得这些物流公司可以进一步拓展自己的业务,发展自己。

一方面,由于WYT公司解决了物流企业的融资难问题,因而能够受到这些企业的广泛欢迎。另一方面,由于WYT公司解决了银行放贷后管理成本极高的难题——

收集到了物流企业日常运营和管理数据,因此也获得了银行的信赖和支持。WYT公司在中小物流企业和银行之间利用"数据"工具,实现了价值的互换,也使得自己的价值得以兑现。

以上是WYT公司创新商业模式进行价值兑换的第一步。这一步的实现,给公司未来的发展带来了更多选择的机会:成为金融大数据公司,成为物流行业的第四方物流服务平台,还是成为大数据金融服务公司,这些都给了当前的WYT公司的估值有力的提升空间。

我们看到,WYT公司就是通过解决别人(如:物流公司和银行)的难题,在帮他们建立适当的商业关系的同时,自己也跟他们建立了这种适当的关系。更关键的是,它通过帮助别人建立适当的关系,把自己融入了这种原本跟它没有关系的适当关系里面去,并从中实现了商业价值的兑换。

● *巧言乱商*

子曰:"巧言乱德。小不忍,则乱大谋。"

——《论语·卫灵公》

孔子说:"花言巧语足以混淆道德判断。小事情不能忍耐,就会搅乱大的计划。"

我们从小就接受教育，对于道德判断有一种共识，都认为某些事是善的，某些事是恶的。但是，进入社会（特别是商业社会）之后发现，很多事情没有那么单纯，以至于有些人（或商家）口才（或宣传广告）很好，甚至可以颠倒是非黑白。这些"巧言"主要有三种表现：第一，别人都这么做，为什么别人可以，我不行呢？第二，不能怪我，谁叫我有这种能力呢！第三，用历史人物做支持，我这样做错了吗，历史上谁这样做不是赢了？

人生的经验告诉我们，人的一生不可能完全顺利，很多时候不得不受委屈——从某种意义来说创业之路就是一条委屈之路，就看我们能不能忍耐，在这种时候修炼自己，切记"小不忍，则乱大谋"吧。

HY公司是一家从事生物基因测序技术及生物大数据分析和应用的公司，跟WYT公司有类似的地方就是它收集了生物的基因数据，并建立了生物的基因数据模型用于为养殖户发展养殖事业做"抵押"，从而从银行获得扩大养殖规模和市场交易规模。同样，HY公司通过建立养殖户与银行之间的适当商业关系，让原本不相关系的自己，成为这个关系圈里不可或缺的一部分。

但是，HY公司的创始团队一直不满足当前的"适当关系"的程度，总觉得应该还有"更适当"的关系形式——"道应该止于至善"。于是，在获得A轮3亿元人民币投前估值融资之后，他们选择了从生物数据金融服务转向生物技术服务——打造健康食品溯源服务平台,从而进入到另一个更加广阔的市场,迎来更好的发展前景。

如果说,HY公司一开始建立的适当关系是在养殖户与银行之间,那么,时至今日,HY公司则正努力和广大的生物食品消费者建立一种适当的商业关系——当然,这种关系是适当的实现,也就是一种更为深层次的"善"的建立。

HY公司的这个选择触及整个产业链,从某种意义上说,它挑战了原来的产业发展既得利益者们,所以HY公司的创业者们必须时刻保持一种与各方因素的适当关系,统筹协调好各方利益和发展机会。当然,一旦这种与产业之间适当的关系得以建立和实现,那么HY公司也就成了整个产业链不可或缺的适当关系,发展前景更为广阔。

10. 资本的本质

在资本市场,企业卖的是"未来",而投资人买的是"希望"。在这里买卖双方交易的介质则是"资本"。

那么,资本究竟是什么?

首期"两新"组织优秀领导人社会主义核心价值观研修班最后一次课:"企业融资与风险管理",复旦大学管理学院教授启发大家:一手融资、一手风控。

其实,今天所谓的企业家,大致可以分为两类:实业家和资本家。实业家以经营利润(Profit)为目的,资本家以资本溢价(Capital gain)为目的。当然,现如今已有不少企业家兼具实业家和资本家,也就是恰当地利用了资本这样东西,从而既得到了Profit,又得到了Capital gain。这么看来,资本应该是个好东西。

首先,资本是能够带来剩余价值的价值。它从本质上说不是物质,是通过物质表现的资本家对工人的剥削关系。资本流通总公式是G—W—G′,它表明,在资本流通中,货币在运动中能够带来价值增值,从而转化为资本,成为资本的存在形式。从形式上看,资本总公式同价值规律相矛盾。按价值规律要求,商品交换应遵循等价交换原则,交换的结果只会使价值表现形式发生变化,而价值量不会发生变化。然而,资本总公式呈现出来的现象是,经过流通过程资本的价值量发生了变化,实现了价值增值。这就是资本总公式的矛盾。要解决资本总公式的矛盾,关键是要说明价值增值在什么样的条件下产生和从哪里产生。

其次,资本的最初表现形式常常是货币,但货币本身并不是资本。货币转化为资本的前提条件就是劳动力成为商品。劳动力成为商品解决了资本总公式形式上的矛盾。需要注意的是,劳动力成为商品必须具备两个基本条件:一是劳动者有人身自由,有权支配自己的劳动;二是劳动者丧失了一切生产资料和生活资料,除了自己劳动力以外一无所有,只有靠出卖自己的劳动力谋生。

第三,劳动力商品的价值和使用价值。劳动力商品的价值是由生产它所需要的社会必要劳动时间决定的。劳动力商品的使用价值在于他能劳动,其特殊性在于劳动能创造价值,不但创造价值,而且能创造比自身价值更大的价值。劳动力商品的最大特点在于它的使用价值有特殊性。劳动力成为商品是资本实现价值增值的前提条件。

第四,资本主义生产过程是劳动过程和价值增值过程的统一。资本主义劳动过程具有两个特点:一是劳动力的支配使用权归资本家所有,工人在资本家监督下劳动;二是劳动产品全部归资本家所有。在资本主义条件下,工人的劳动时间分为必要劳动时间和剩余劳动时间两部分。工人在必要劳动时间再生产自身的劳动力价值,在剩余劳动时间则生产剩余价值并被资本家无偿占有。剩余价值生产过程就是价值增值过程。

因此,资本本质上不是物,而是在物的外壳掩盖下的一种社会生产关系,即资本家凭借对生产资料的所有权剥削失去生产资料的雇佣工人的剩余劳动。

子曰:"择其善者而从之,其不善者而改之。"

——《论语·述而》

孔子说,选择他人善的方面去学习和跟随,看到他人不善的方面就对照自己、反省自己、改正自己。

这与《论语·里仁》中的"见贤思齐焉,见不贤而内(自)省也",有相似的思想境界和态度。其实,不仅可以以人为师,天地万物都可以为师。朱熹主张"格物致知",也就是通过观察了解事物的发展规律从中学到知识。陶行知言志联:"以宇宙为教室;奉自然作宗师。"广泛地学习,尊师而不盲从,有继承有创新,这是古今中外智者学人为我们指的通畅之路。

所以,资本的本质于今天的企业和企业家来说,应该是发现价值、提升价值、创造价值的一种有效手段、商业机会和发展平台。

● **富不罪,穷不耻**

子曰:"富而可求也,虽执鞭之士,吾亦为之。如不可求,从吾所好。"

——《论语·述而》

孔子说财富如果可以求得,就算在市场担任守门员我也去做。如果无法以正当的手段求得,那么还是追随我所爱好的理想吧。

孔夫子不在乎做什么工作,只要手段正当就可以了。《大学》也说"仁者以财发身,不仁者以身发财",意思就是一个人行仁的话,可以用金钱来实现理想;一个人不行仁的话,用自己的身体每天劳苦工作拼命去赚钱,最后身子垮掉了。其实,我们创业者更要记住:我们的生命比金钱更重要,有了生命才可以实现道义、追求仁义。

金钱可以行善,行善需要能力,也需要财力。如果我们没有一定的财力,等到有人需要帮助的时候,会觉得力不从心,那是非常痛苦的事情。儒家没有反商情节,只要取之有道就行。

富有不是罪过,贫穷也不是耻辱。富人与穷人,在人格上是平等的。如今社会不知道怎么回事,一般人尊重富人而看不起穷人,这是不正常、不合理的态度。此外,穷人也应该自己争气,想办法改善生活,如果依赖别人的救济,就会长此以往,反而不可能自我改善。

我们今日踏上这条艰苦的创业之路,一是为改善自己的生活,二是为富周急,三是行仁践义。

> 原思为之宰,与之粟九百,辞。子曰:"毋!以与尔邻里乡党乎!"
>
> ——《论语·雍也》

原思担任孔子的家臣,孔子给他的待遇是小米九百斗,但是原思不肯接受这么多。孔子说:"你不要推辞,多的可以救助家乡的穷人。"

也就是说,我们创业者在创业过程中,要爱财,但要取之有道。然后,可以"与尔邻里乡党"。

至此,我们可以明白:资本的本质就是适当关系实现(也就是善)商业价值的一般等价物。也就是说,我们创业者的项目是否有商业价值,在很大程度上就是用一般等价物来衡量和体现的。我们的项目得到资本的青睐,从某种程度上说,我们创业者"行善"的结果或许更多一些——虽然,拿资本来衡量善的多少,从文化价值观上来说不太恰当,但是,毕竟"恺撒的归恺撒,上帝的归上帝",商业的归商业。

● 惟义在，乐其中

子曰：饭疏食饮水，曲肱而枕之，乐亦在其中矣。不义而富且贵，于我如浮云。

——《论语·述而》

孔子说，吃的是粗食，喝的是冷水，弯起手臂做枕头，这样的生活也有乐趣。用不正当手段得来的富贵对我就好像浮云一样。

创业生活虽然艰辛，但是我们另外有所乐就没有问题了。千万不要以为孔子说贫穷等于快乐，而是说如果贫穷的话照样可以有自己的快乐，就是他对学生讲过的"穷亦乐，通亦乐，所乐不在穷通，而在于道"。有"道"让我们快乐，创业生活的条件是次要的。

在西方学者的研究中，有一个叫做"破窗理论"的研究。所谓"破窗理论"，就是说如果一个窗户被打破了，过了很久也没有人来把它修好，行人就会以此推断这是个没人关心、没人管理的地方，很快就会有更多的窗户被打破，然后"无政府主义"就开始从这栋楼向相邻的街道蔓延。

结合孔夫子的这段话，我们可以把这个"破窗理论"用到创业管理上：小事不能忽略。因为我们所处的外部环境决定着我们内心状态，尽管我们对此并不完全了解。

因此，为了让我们的创业者保持一种创业者应有的精神和面貌，作为投资人的我们总是要求创业者"艰苦创业"。我们坚信，要制止创业浪费，无须解决大问题，只需要创业者们感受到"资金紧张"即可——而这一点，对于投后管理工作来说，实在是太容易做到了。

正所谓"无可无不可"，权力使人腐化，财富也使人腐化，我们尊重富贵、尊重资本，但是当得到富贵和资本的时候要谨慎，不要为了它偏离人生创业的正途，毕竟资本的本质是创业的手段，人才是创业的目的。通过资本，了解好人，这是智；使用好人，让他造福天下，这是仁。创业者当配合大自然，配合环境（如：资本、市场等），配合周围的人（如：朋友、家人、员工、顾客等），随遇而安。

11. 人才的实质

子曰："雍也，可使南面。"

——《论语·雍也》

孔子说，可以让仲弓出任政治领袖，面向南方之力百姓。

子谓仲弓曰："犁牛之子骍且角，虽欲勿用，山川其舍诸？"

——《论语·雍也》

孔子谈到仲弓时，说，耕牛的后代长着红色的毛与整齐的角，就算不想用它来祭祀，山川之神难道会舍弃他吗？

孔子深知仲弓（即：冉雍，名仲弓），他一方面了解这个学生的能耐，知道他有这样的德行和能力来治理一个诸侯之国，可以担任正卿，面向南方，治理百姓。同时，他也强调这个学生的家世背景不好，但是他通过学习、通过修炼，表现极为杰出。这是告诉我们一个道理：英雄不问出处。人人可以选择创业，人人可以成为创业者，虽然创业方式各有不同、创业道路各有精彩。

我们已经知道，除了现金是重要的资产以外，人也是重要的资产。然而，当困难来临的时候，企业的第一反应往往是打员工的主意——当企业遇到不景气时，首先遭到削减的通常就是培训预算等。

在企业困难时期，薪酬政策也会受到牵连。大多数企业都实行绩效工资制，他们投入大量的时间和金钱来甄别和吸引最优秀的人才，评估业绩并提供反馈，为那些拥有最佳业绩的员工提供丰厚的报酬。然而，时局艰难之际，企业往往会放弃依绩效付薪的机制，代之以全面削减预算、冻结招募计划等手段，薪酬调整也不再基于绩效。

不过，相反的情形同样存在。也有一些创业者信奉"以人为本"，甚至到了企业垮掉也在所不惜的地步。尽管初衷高尚，企业却丧失了快速调整战略以适应变化的能力，最终企业和员工都受到伤害。

这两种对待人才的做法显然都不可取。学习《论语》和孔夫子的思想之后，我们已经知道必然有一种"中庸"的人才管理策略和方法：做好基础工作，力求尽善尽美，同时，确保所有的人才管理理论与实践都能有机地联系在一起，并且与企业战略相结合。

当然，要处理好企业员工层面的人才问题，首先要处理好创业者自己的成长成才问题。也就是，创业者要努力让自己成长成为企业家。

通读《论语》等儒家经典著作之后,结合西方的现代管理理论,我们从中受到启发,创业者成长为企业家,起码要具备三个条件:一是德行要高,这是永无止境的追求;二是能力要强,能够随机应变;三是智慧要高,能解决企业发展的困惑,遇到任何问题都能够做出正确的判断。

● **惟我与尔有是夫**

子谓颜渊曰:"用之则行,舍之则藏,惟我与尔有是夫!"子路曰:"子行三军,则谁与?"子曰:"暴虎冯河,死而无悔者,吾不与也。必也临事而惧,好谋而成者也。"

——《论语·述而》

孔子对颜渊说:有人任用就发挥抱负,没人任用就安静修行,只有我与你可以做到吧。子路说:老师率领军队的话,要找谁同去?孔子说:空手打老虎,徒步就过河,这样死了都不后悔的人我是不敢与他同去的。一定要找同去的人,那就是面对人物戒慎恐惧,仔细筹划以求成功的人。

孔子说这些话的时候,除了颜渊以外,还有子路在旁边。大家一定没有忘记,孔子这之前一度说过"我的理想不能实现,坐一条木筏到海外算了,跟我去的是子路啊"。

子曰:"道不行,乘桴浮于海。从我者,其由与?"子路闻之喜。子曰:"由也好勇过我,无所取材。"

——《论语·公冶长》

孔子说,我的理想没有机会实行,干脆乘着木筏到海外去,跟随我的大概就是由吧。子路听了喜形于色。孔子说,由啊,你爱好勇敢超过了我,但是没有地方可以找到适用的木材呀。

由就是子路。孔子承认子路带兵没有问题,非常勇敢果决。但是,孔子真能"因材施教",暴虎冯河死了都不后悔的人,他是不会跟着去的。虽然勇猛,但到最后却糊里糊涂死了。人生多么珍贵,理想尚未实现,我们一定要很谨慎、很爱惜自己的生命。

如此我们得到启示,创业者要珍惜人才,更要因材而行、量才而用。这样才能在艰难的创业道路上,临事而惧,好谋而成。

人才是企业竞争优势的来源,人才很重要,但是企业管理人才的能力更重要。创业企业要想赢得竞争优势、取得战略成功,我们就要为客户提供一些与众不同的东西。无论差异化战略的基础是什么,它必定需要对应的差异化的人才管理策略来匹配。因此,与其说这是一场人才争夺战,不如说是一场人才经营战更确切。

认知心理学里有一个概念叫做"通道容量"(Channel capacity),是指我们的大脑在接受某些信息时所具有的记忆空间。也就是说,我们人类一次只能加工一定量的信息,超过了某个界限,大脑就无能为力了。这里包括智力容量和情感容量,智力容量就是加工信息的能力,情感容量则是处理社会和人际关系的能力。

西方心理学家经过大量的研究发现,做最好的朋友其实对我们投入的时间要求可以很少,但是需要我们付出许多感情,而对一个人深切的关心往往可能让人心力交瘁。研究发现,在介于10人和15人之间时,我们就会感到难以承受——这由我们大脑的构成方式所决定。

因此,研究人员进一步展开管理研究发现,150这个数字似乎代表了我们可以与之保持社会关系(知道他们是谁,和我们是一种什么程度的关系;或者说,和这些人交往的程度达到了如果我们未被邀请却恰好碰上他们在一起喝酒,但我们不会因此而感到难堪的程度)的人数最大值。由此,研究人员得出一个结论:把数量控制在150人以下似乎是管理一个群体的最佳和最有效的方式。

这或许能给我们创业者一种人才经营的重要启示,一旦到了150,事情就会发生改变,虽然无法说清楚这种现象,但它却确确实实地存在,可能一夜之间就改变了团队的性质。在规模比较小的群体中,人们彼此的关系要密切得多。一个群体一旦达到150的规模，内部就会开始形成新的派别，而这个时候，也恰好是人才分支出去的好时机。

● 友直友谅友多闻

> 子曰："益者三友，损者三友。友直，友谅，友多闻，益矣。友便辟，友善柔，友便佞，损矣。"
>
> ——《论语·季氏》

孔子说，三种朋友有益，三种朋友有害。与正直的人为友、与诚信的人为友、与见多识广的人为友，那是有益的。与装腔作势的人为友、与刻意讨好的人为友、与巧言善辩的人为友，那是有害的。

这段话对于我们创业者选择合伙人，选择团队成员，选择重要岗位的人才以及同事，有非常重要的启发和参考意义。

前面提到的"150人的规模"专业上叫做"150法则"，即群体规模的大小是一个可以产生重大影响的微妙的环境因素。当人数稍稍发生变化，人们竟会突然变得陌生疏远了，也就是说一旦跨越150的界限，人们的行为就开始不同。

如果我们想要让群体成为思想传播的孵化器——这

一点无疑是每一个企业（特别是创业企业）最希望做到的，我们就必须把群体的人数控制在150以下。超过这个数字，群体统一观念、统一行动的能力就会出现结构上的障碍。

我们创业者如果希望全体员工与我们怀有共同的理想，就必须认识到追求大规模的危险性。当警惕：跨越150这个数字似乎只是一个小小的变化，但实际上它产生的结果却与之前有天壤之别。

如果再深入探讨和挖掘，我们会发现小型群体成员之间的联系，从根本上说是一种同伴压力：大家彼此熟知，因而别人对我们的看法就显得很重要。每个成员都认为自己该为公司出力，彼此之间是一种人对人的直接接触，所以命令可以更好地得到执行，不规矩的行为会有所收敛。此外，研究人员还发现，小型群体里那种小范围的、随意的人际关系更能提高工作效率。

这样，我们就知道小群体更容易团结，而团结的好处就是让关系繁杂的企业员工共享一种关系。心理学管这个概念叫做"互动记忆"（transactive memory）。实际上，我们记忆的很大一部分是储存在大脑以外的。互相熟悉的人之间会无形中产生一种联合记忆系统，或称为互动记忆系统，这一系统建立在对哪个人更适合记忆哪些事情的了解之上。人们常常把人际关系的发展理解为一个相互公开自我的过程，因此，互动记忆就成了构成亲密关系的一部分。也正是因为这种互动记忆能力的缺失,会导致例如因离婚、丧偶等变得痛苦——失去互动记忆,人就像失去了大脑的一部分。

基于对互动记忆的认识,研究人员发现,如果每个人都肩负所在群体认同的特定职责,每个领域都尽可能少安排几个行家来负责,而不是根据具体情况随机布置,就一定会有更高的效率。

这种群体记忆方式叫做"组织性互动记忆"。在组织群体内,人们互相熟知(起码是心理上的),了解他的知识范围,相信他在专业领域里的能力,这是一种在组织层面上的信任和亲密关系的再创造机制。

当然,并不是所有公司都需要如此密切的人际关系。不过,具有这样的整体记忆系统,公司就能高效运转,任务可以很快完成,问题能得到迅速解决,一个部门的员工得以接触其他部门的员工,并借助他们的专业技能完成自己的职责——同事们彼此了解对方专长带来的好处,知道应该去哪里咨询谁最好。

12. 领导的实质

子张学干禄。子曰："多闻阙疑，慎言其馀，则寡尤。多见阙殆，慎行其馀，则寡悔。言寡尤，行寡悔，禄在其中矣。"

——《论语·为政》

子张请教怎样获得官职与俸禄。孔子说，多听各种言论，有疑惑的放在一边，然后谨慎去说自己有信心的，这样就会减少别人的责怪。多看各种行为，有不妥的放在一边，然后谨慎去做自己有把握的，这样就能减少自己的后悔，说话很少被责怪，做事很少会后悔，官职与俸禄自然不是问题。

从孔子的这段话，我们领悟到：领导的实质，就是适当地增加优势、积累机会以及减少错误、累积危险的关系的实现，换句话说，领导就是让善的关系在企业内部和外部变成现实——也就是带领自己的团队，将企业成长为价值型企业。

如果说，30年前中国企业发展的机会来源于中国市场，那么30年后中国企业发展的机会则来源于全球化的市场，来源于成长为价值型企业的过程。而所谓的"价值型企业"是指那些既能够面对不断变化环境的,又能超越环境创造价值的企业。

首先,要有持续的成长性。对于一个企业来说,成为市场的领导者并不意味着什么,最关键的是需要有一个明确而清晰的战略,而这个战略所能回答的问题就是企业持续成长的根源。其次,要有创造性。德鲁克说,企业家的本质就是有目的、有组织的系统创新。而创新就是改变资源的产出,就是通过改变产品或者服务,为顾客提供价值,带来更高的满意度。第三,要有环境的匹配能力。企业与环境是互为主体的,企业如果不能够顺应环境的变化、不能与环境互动,就不可能具有竞争力。第四,要有领袖风范的领导力。成为英雄领袖有两个前提:"发展自己","发展他人"。英雄领袖不刻意表现自己的为人本质,他们善于通过自己的组织传递潜移默化的气质,并给企业成长带来深远影响。第五,要有价值链优势。对于企业而言,只有把分享价值作为自己战略的出发点,不断地超越自己,才能够真正地服务目标顾客,也才真正具有竞争力,才能够回到经营的根本目的上,即为顾客创造价值。第六,要有全球化能力。在信息技术的驱动下,全球化的速度越来越快,中国企业正面临着全球化所带来的巨大挑战,但是直到现在,全球化成功的幸运光芒仍然若隐若现。第七,要拥有竞争力的产品和技术。产品对于企业而言,既是企业进入市场的前提条件,又是企业存活于市场的根本原因。如果没有产品,企业就没有了与顾客交流的平台;没有产品,企业也就没有了在市场中存在的理由。最后,要有资本结构的治理能力。只有伟大的董事会才能造就伟大的企业。对我们中国企业,特别是中国的创业企业而言,可持续化发展至关重要。

● **威而安**

子温而厉,威而不猛,恭而安。

——《论语·述而》

这是对孔子的情商表现的描述:温和而严肃,威严而不刚猛,谦虚而安适。

这很值得我们创业者学习和效仿。虽然,对于我们来说,温和了就很难严肃,威严了就显得刚猛,表现谦虚就很难安适自在。但是,却不妨碍我们朝着孔夫子这个情商楷模的方向努力和前行,这也就是人心向善的一种力量和凝聚吧。

下面这几点体会,或能帮到我们创业者立威而心安:

- 谨言慎行以利于社会。
- 说话的时候小心,不要让人责怪;做事的时候小心,不要让自己后悔。

- 一个社会能够发展到今天绝不是偶然,它有它的各种规则,包括明的、暗的。要多去了解,多看多听,说一些有信心的话,做一些有把握的事,自然而然就不会有抱怨或者责怪了,也不会对自己的行为感到后悔。

据说,世界上最难管理的生意有两种:一种是酒店管理,一种是餐饮管理。而恰好,这两种生意我都在做。或许是先意识到了这一点,从一开始在组建资本团队的时候,我们就很重视董事会的构成。在走了一年经营弯路之后,我们重组了经营团队,结合董事会的特点,把经营团队的"领导"进行了分拆和组合。这样,我就有了一位非常得力的副总经理帮忙打理物业和酒店公司的日常运营工作,弥补我的短板,同时,这还让我得以解放出大量的时间来搞资本投资和文学创作。最重要的是,因为这位得力的副总经理的存在,经营团队的领导力得到了充分的体现,而我们在不刻意表现自己本质的时候,通过这种经营组织结构,完全传递潜移默化的人格气质。我们明显感觉到这个公司的文化正在形成。

● 凝聚善

叔孙武叔毁仲尼。子贡曰:"无以为也!仲尼不可毁也。他人之贤者,丘陵也,犹可逾也;仲尼,日月也,无得而逾焉。人虽欲自绝,其何伤于日月乎?多见其不知量也。"

——《论语·子张》

叔孙武叔毁谤孔子。子贡说:"不要这么做。仲尼是没有办法毁谤的。别人的才德表现像是山丘一样,还可以超越;仲尼则像是太阳与月亮,没有可能去超越的。一个人即使想要断绝他与太阳、月亮的关系,对于太阳、月亮又有什么损害呢?只是说明他不知道自己的分量而已。"

我们创业者在取得阶段性的小成绩之后,往往容易被冲昏头脑,特别是在有现金流源源流入的时候,更容易忘乎所以。这个时候,或许应该读读《论语·子张》篇,让我们收敛一下骄傲自大,抬头看看天的广袤,回头想想这世界的宽大。

庄子说:"夫随其成心而师之,谁独且无师乎?奚必知代而心自取者有之?愚者与有焉。未成乎心而有是非,是今日适越而昔至也。是以无有为有。无有为有,虽有神禹,且不能知,吾独且奈何哉!"什么意思呢?就是庄子劝诫我们(特别是对领导者):如果追随自己心中的成见,以它为老师,那么谁会没有老师呢?何必要明白变化之理呢?从自己心中去找就有了,愚人也一样有的啊!如果说心中没有成见,却有是非观念,这就好像说今天去越国而昨天已经抵达了一样。这是把没有的当成有。把没有的当成有，就算是神智如大禹也不能理解，我又有什么办法呢！

知代，这里的"代"为变化相代，明白变化之理，就不会有成心了，也就不会执著于自己在一时一地的成见。

接着，庄子又说："道隐于小成，言隐于荣华。故有儒墨之是非，以是其所非而非其所是。欲是其所非而非其所是，则莫若以明。"道被小有见识的人物所隐蔽，言论被巧饰浮华的词句所隐蔽。因此才有儒家、墨家的是非之争，他们互相肯定对方所否定的，并否定对方所肯定的。如果要肯定对方所否定的，并否定对方所肯定的，那还不如以清明的心去观照一切。

以明，就会知道一切是非都是相对的。是非有时是出自立场观点的不同，有时是由于语词使用的疏忽，有时是因为现实厉害的冲突，有时则只是缘于意气之争而已。

所以，作为企业领导的我们这些创业者当明白，商业竞争和博弈恰如人间是非争议，不过是天地一指、万物一马——在强调差异时，万物无一相同；在强调相似时，万物形成一个整体。

在我们这个物业和酒店经营管理团队里面，并不是每一个人都是出类拔萃的，但是我们一直致力于让团队的每一个人发挥自己的优势，让领导班子成员能够互相补位、互相搭台、互相激励。或许，这也算是符合"以明"、天地一指、万物一马的吧。

13. 管理的实质

> 或谓孔子曰:"子奚不为政?"子曰:"《书》云:'孝乎!惟孝,友于兄弟,施于有政。'是亦为政,奚其为为政?"
>
> ——《论语·为政》

有人对孔子说,您为什么不参与政治呢?孔子说,《尚书》上说,"最重要的是孝顺父母、友爱兄弟,再推广到政治上去",就是参与政治了,不然如何才算参与政治呢?这段话很有意思。

什么叫管理?或许孔夫子的这段对话能够启发我们,管理就是让大家做好自己的岗位和本职工作吧。

这句话说起来很轻松,要做到则非常不容易。或许是文化影响的力量,我们每一个人都受到本土文化角色定位的影响,所以在实行岗位管理和本职工作的时候,先要通过某种途径突破原先的文化角色定位。当然,大量的案例已经证明,通过使用规范的工作语言是一种很有效的转换器。例如在很多办公场所,我们能看到"请使用英语",或者"请使用普通话"等。当然,有时候要达到管理目的,并不限于使用语言这种角色转换器。

其实,我们已经知道,在通往创业成功的道路上,除了个人努力外,我们所处的文化、历史和外部环境对我们能否成功具有决定性意义。我们每一个人都成长在文化环境之中,而文化环境又是集优点、弱点、素质和倾向等各种属性于一身的综合体。我们应该正视这一事实:我们不能割裂我们的行为与成长环境之间的关系,若是忽略这一点,那么就不会有真正意义上的创业。孔子说:"是亦为政。"

真正的创业管理是让大家做好自己的岗位和本职工作,核心在于"做好"、关键是"自己的"、主体是"大家"。创业者管理要"做好",首先得了解本地文化背景,让"大家"从文化角色转变成创业角色,接着才是要让每个人知道"自己的"职责和工作内容,最后让这种适当的创业角色关系得到实现。

● 因才施管

子以四教:文、行、忠、信。

——《论语·述而》

孔子教导弟子有四个重点:诗书礼乐、修养德行、存心忠厚、待人诚信。

孔夫子讲求因材施教,就是根据每个人的具体情况、具体环境等因素进行教育。这一点很值得我们创业者在企业管理中学习和借鉴,那就是:因才施管。

在多年创业经验之后,我发现人们时常以各种理由拒绝以文化差异这个广阔背景来思考问题。这或许是区域或种族文化观念促成的结果:我们总是避免因为地域、学校和民族特性标签而对个人产生先入为主的偏见。但是事实上,人们的确深受这些文化的影响。

这一点,我有切身的管理体验和现实感受。

我所参与合伙的YC投资公司由四位管理合伙人(GP)组成,主要从事大健康数据、互联网教育和互动娱乐偏早期项目的战略投资。该公司管理的基金已投资近20个出色项目,并有望在今年内产生多个"独角兽"公司,因此受到投资人和业内人士的高度好评。

YC公司四位合伙人来自不同的年代、地区、学校,接受的教育和家庭背景也大相径庭,为何能够投出如此出色的项目?让我们一起探究YC公司的管理模式。

首先,是"权力距离指数"(Power Distance Index,缩写为PDI)问题。权力距离是指人们对待比自己更高等级阶层的态度,特别是指对权威的重视和尊重程度。由于历史和文化的缘故,我国的PDI比欧美国家要高。而在我国各地区、民族、家族和学校,PDI也差距不小。

其次,投资行业是一个需要相对理性决策很高的行业,与爱心基金不同,没有一个理智的投资人会因为同情心或者悲悯而牺牲理智仓促作决定。他们总是尽可能全面地综合各种因素,通过"投资决策咨询委员会"弄清楚标的项目的真实情况,谨慎投资,严控投后风险。

最后,基于对PDI的认识和投行的特点,YC公司选择合伙制公司治理模式。如此一来,使得公司的PDI大大降低,让大家都能充分发表自己的意见和看法。此外,由于合伙人不同的文化背景,使得每个人都从不同的角度去看待和分析项目。因此,YC投资公司投出的项目都有出色表现。

的确,文化直接决定了我们看待世界的方法和行为模式,作用如此巨大,以至于没有它,我们将无法认知世界。我们创业者若能通过恰当的公司治理模式和管理设定,文化就能够变成助力我们成功的推动器。

● *所有不为*

子不语:怪、力、乱、神。

——《论语·述而》

孔子不跟别人讨论有关反常的、用力的、悖乱的、神异的。

孔子为什么不跟人谈论怪力乱神呢?他当然知道那些事,他比谁都博学,但是他不愿意讨论,他知道这会干扰人们正常的生活。

一直以来,西方人的沟通方式在语言上被称为"以说话者为导向",意思是说话者有责任将意思清晰明白地表达出来。而中国以及其他东方国家文化中的沟通方式,则是"以聆听者为导向"的,也就是说意思是否搞清楚,取决于聆听者自己。这也或许就是今天我们年轻人不太愿意读《论语》《易经》等经典国学的一个重要原因吧。

现实生活中,人与人之间的互相揣摩或是必需的,因为这是礼貌——对对方言谈中的含义视而不见或反应不灵敏都是失礼的表现。但是,在高权力距离文化的对话方式中,只有在聆听者有条件的情况下才是适宜的,也就是双方要有足够的时间互相揣摩。除此以外就是不适宜的,也就是一种"隐而未现的不善"的表现。这种不善,应当引起我们创业者的充分重视,因为它会引发的灾患是重大的甚至是毁灭性的。

酒店和物业管理是很专业、很细致的工作,不仅因为它是直接接触人的服务行业,更是因为职工年龄、地域、教育、家庭等文化背景迥异的行业。酒店和物业的管理与投资公司的管理绝对是两个极端,需要PDI很高的公司治理方式。在这种公司管理设定的情况下,在语言沟通上,特别是工作用语上,就应该采用"以说话者为导向"的管理沟通方式,而不是"以聆听者为导向"的文化角色方式。

一次，酒店公司的工程主管跟我说某工程人员不服从工作分配并消极请假。我向该主管和分管经理了解具体情况，他们说该工程人员嫌任务太累不想干，提出要回家休息几天。主管不准假，却说："你向分管经理说去。"（他想表达的意思是不同意，却把"经理"抬出来做"挡箭牌"。）于是，这名工程人员又向分管经理请假，分管经理也不想同意，可是，他这么说："好的。你提交请假报告吧。"（他想表达的意思是不同意，但是，基于他的文化背景，当面保持一个"好人"的文化角色，心里却想"我不在请假报告上批准就是了"。）结果，这名工程人员认为准假了，于是在家休息了三天。

分管经理的这个"好的"其实是他的口头禅，他习惯了在公司行政部门的工作和氛围，总是表现得"客客气气"。于是，这名工程人员抓住了主管和经理的文化角色定位及企业职务角色要求转换不成功的机会，好好地在家休息了三天。

14. 创新的实质

子曰:"由!诲女知之乎!知之为知之,不知为不知,是知也。"

——《论语·为政》

孔子说,由(即:子路),我来教你怎样求知!知道就是知道,不知道就是不知道,这样才是求知的态度。

这段话对于正在苦苦创新之路上的创业者们的启示,更多的在于"不知为不知"上吧。就是说,我们要知道自己"不知道",也就是发现不均衡。所谓"发现不均衡",就是我们能够发现经营中赚取经济利润的机会,通过盈利机会,纠正市场不均衡,使资源得到更好的配置。随着这种机会被越来越多的创业者利用,我们的利润和盈利机会慢慢消失,需要发现新的不均衡。或者,创业者自己去"创造不均衡",在已经饱和的市场里,通过创造新的产品、新的技术,打破原来的均衡,找到新的市场、新的客户。

苏格拉底很有意思,大家都说他最有智慧,他说不可能,他什么都不懂。于是,有人去神殿里面求签问神,签说苏格拉底是最有智慧的。苏格拉底说,神之所以说他是最有智慧的，那是因为在人类里面只有他知道自己是无知的。或许，正是因为我们连自己无知都不知道，当然就比苏格拉底更为愚昧了。

其实，那些现在社会上所公认的最聪明的人，其实都并没有真的了解，他们所知道的都是很有限的片段知识。因此，我们创业者在寻求创新的时候，就是去承认"不知"、发现"不知"、利用"不知"。经济学家熊彼特建议我们在五个方向寻找：引入新的产品，引入新的技术，开辟新的市场，发现新的原材料，实现新的组织形式。今天我们讲的商业模式创新，核心是创造新的组合。

今天我们已经知道，经济增长的本质在于创新。创新，是一种"内在要素"，熊彼特说，经济发展就是"来自内部自身创造性的关系经济生活的一种变动"。

那么，是谁促成这种变动呢？是创业者和企业家。创业者和企业家作为现代社会的组织者，把他们与历史上其他组织者区分开来的正是这种不断创新的职能。其实，创业者和企业家的创新作用，就体现在创造出能创造创新产品和新的生产方式的发明本身。创业者和企业家创造的是一种不断激发人们创新，且能使任何有价值的创新不被埋没的管理制度和运营体系。创业者和企业家总是千方百计地将各种具有创新精神的人吸引在自己周围，给予他们物质的和精神的刺激，鼓励他们异想天开、别出心裁地去发现和发明。他们懂得，创业要取得成功，没有一批革新闯将是不行的。

● 智力创新

子曰:"温故而知新,可以为师矣。"

——《论语·为政》

孔子说:"温习自己所学的知识,并从其中领悟新的道理,这样就可以担任老师了。"

"温故"是方法,"知新"是目的。这里讲的是一种创新的方法,其实,没有正确的方法是很难达到创新目的的。同样,没有明确的目的,缺乏理想与目标,"温故"不过是复习、温习,记得牢固却毫无作用。创业者就是从旧的东西中开创出新的来,虽然有变化,却不违背根本的道理。

新旧并不是辨别善恶的标准,特别是年轻的创业者要警醒自己,新的不一定好,旧的也不一定不好。孔夫子的主张是不必介意新旧,而是把重点放在善恶的区分上面。真正的创新应该是新旧并重,一律去掉不善的,固执善的。

我们创业者开展创新活动,是因为创新给我们带来了盈利的机会。也就是说,创业者开展创新是以追求利润为目的的,这是创新的内在动力。当然,创业者积极开展创新的同时,也有竞争这一外在压力。市场经济既是一种利润经济,也是一种竞争经济。创业失败的原因或有多种多样，但是成功的道路也许只有一条，那就是不断创新。创新能力决定了竞争能力。

近年来，互联网教育成为创业热点。不管是传统的教育培训机构，还是互联网技术运营高手，都想在广阔的互联网教育市场占领一席之地。可是，在这个领域可谓是"热市场、冷创新"，不管是"内容+互联网"，还是"互联网+内容"，鲜有特别成功的案例。

XB公司的创始团队，则走了一条跟这些互联网教育公司不同的创新道路。他们发现，全国有数千家的教育培训机构和企业，也有数百家互联网公司在开展教育培训业务，这本身就是一个巨大的市场。于是，他们用了数年时间，从解决传统教育"+互联网"的难点着手，到解决互联网公司"+教育"的痛点发力，创新出一个互联网教育技术及内容大数据SaaS平台解决方案的产品。该创新解决了传统教育和培训机构的互联网技术难题，同时，在获得大量教育内容数据之后，把内容嫁接给互联网公司，解决了他们的内容需求。

或许，在我们都困惑于如何开展创新的时候，这本身就是个给我们提供创新的启发点。

● 能力创新

子曰："三人行，必有我师焉。择其善者而从之，其不善者而改之。"

——《论语·述而》

孔子说:"三个人同行,其中一定有可以做我老师的。我选择他的优点来学习,看到他的缺点就警惕自己不要学坏。"

只要我们不是一个人关在房间里面,我们就要跟人来往,就有学习的机会。

一项创新构思的产生,是发现某种需要的得到技术解决的办法两者的结合。创业者一旦看到某种需要的时候,就致力于找到解决办法,以满足这种明确的需要。我们可以自己找到这种办法,从而成为"发明家"。不过,通常情况下,我们会雇佣他人进行这项发明,把技术性的问题委托给工程和技术人员去做。不论哪种办法,我们努力的结果是一样的,即得到某种有市场的新产品。

其实,创业者与一般的"发明家"不同,"发明家"为发明而发明,他们醉心于寻找一些"精巧"的解决方案,不过,他们所认为的需要,往往只是他们自己的假想。我们看到这种发明家尽管也有专利,却在现实生活中没有市场。创业者不同,我们明白新产品的优点只有在市场上才能得到检验。除非新的产品是有市场前途的、确实能满足显示需要的,否则我们是不会去"发明"的。

实际上,创业者为需要而创新,出发点可能并非出于某种"高尚的情操",起作用的仍然是利润刺激和竞争压力。那么,市场经济的好处在于它能把创业者的利润动机和满足社会需要的客观需求巧妙地结合起来,从而把社会需求变成创业者创新的一种动力。我们创业者只有生产出能满足社会需要的产品,才能获得我们梦寐以求的利润,才能在竞争市场上站稳脚跟。如果不能按照"需求"来创新,不论多么别出心裁、花样翻新,也是注定要失败的。

孔子和他的儒家思想,重视和强调人内在的动力——真诚,以真诚激发内心的善意,以适当的与人相处的方式实现,以自觉行仁的方式,满足人性"需求"。这样的创新或许有别于利润刺激和竞争压力下创新的人的内在道德创新。

我们创业者由内而发的以道德为动力的创新,或许才是推动事业发展和经济振兴的正确出路。特别是在今天经济发展到较高阶段,人的"需求"重点已转向消费者的爱好时,我们的创新所满足的"需求"不再是"识别需求",而是"发现需求",不再是被动地取悦消费者,而是主动地诱导消费者。所以,今天我们看到的往往是先有产品,后有需求。或许这只是表象,除非我们的创新真正来源于对人性的理解和宽容,也就是有人性的道德创新,那样做出来的产品才是真正的人性道德产品。

OX公司有一个造星平台项目,它契合年轻人希望成为偶像明星的心理需求。在这个平台上，只要你有才能并展示出来，网友就可以在上面点"赞"，而这些"赞"是需要真实货币支付的。当"赞"达到一定数量时，OX公司将送你前往韩国、日本等地进行深造，然后再回国进行专门的包装与打造。你在这个过程中成为偶像、明星，公司则从中获取经理人费用等。

这个项目很契合当今互联网时代人们的成名需求。OX公司有别于其他一些网络直播平台的不道德猎奇、猎艳的商业歪路，而是采取这种"平台+培育"的模式，既满足人性需求，又满足道德要求。

第三篇 兼济于爱

行以省为先——行为身体经验：我们经验我们精神所创造的存在，执行精神做出的各种选择，并把经验到的实在当成永恒的存在状态。

经营以五行为数。「曰水火，木金土。此五行，本乎数。」企业经营管理虽然异常复杂，但是无非也是由各种最简单的元素和行为经过组合变化而形成。

因此，创业者当学会基本的经营技巧。

15. 君子怀德

子曰:"君子怀德,小人怀土;君子怀刑,小人怀惠。"
——《论语·里仁》

孔子说,君子关心的是德行,小人关心的是产业;君子关心的是规范,小人关心的是利润。

《论语》有许多关于君子和小人的说法,例如"君子求诸己,小人求诸人",都是讲君子与小人的区别。但是如果要进行管理解码的话,这一段最能给我们创业者启发。这里的"君子"恰如企业家,而"小人"就是普通商人,这里所说的"君子"和"小人",我认为就是企业家与普通商人的区别。实际上,这些君子和小人区别的论述,很值得我们创业者启发和警惕。

曾参说,吾日三省吾身。他所反省的几件事情是:替别人做事有没有忠、有没有尽心尽力,交朋友有没有守信用,要教给学生的有没有去实践,都是有关德行方面的事情,也就是君子的表现。我们创业者在创业的过程中,要有一个内在的原则:面对一件事情,做还是不做,考虑的不该是一时的利害关系,而是考虑长期的跟人内在生命有关的理想和原则,也就是当问自己该不该做。正所谓"正其宜不谋其利,明其道不计其功"。

● **彬彬创业者**

子曰:"质胜文则野,文胜质则史。文质彬彬,然后君子。"

——《论语·雍也》

孔子说,质朴胜于文饰就会显得粗野,文饰多于质朴就会流于虚浮,文饰与质朴搭配得宜才是君子的修养。

这段话的启发,就是说我们创业者要文质彬彬。

文与质要搭配得宜。"文"的基础是"质","质"就是人生下来的自然本性,即在还没有受教育之前的自然状态,一般称作质朴。孔夫子一直强调要"博学于文,约之以礼","文"指文化、文学、文艺,一定都是学来的。书念得多叫做博学,而行为上要用礼来约束,所以文跟礼应该放在一起。彬彬代表搭配得宜,该淳朴就表现淳朴,该文雅就表现文雅。

孔夫子还说"君子矜而不争,群而不党","君子不以言举人,不以人废言"。如果我们读过庄周的著作,那肯定对他善于使用寓言、重言和卮[1]言的表达方式印象深

---

[1] 读音:zhī。

刻。寓言是用比喻性的故事来寄托意味深长的道理,给人以启示的文学体裁;重言就是意味深重,语重心长的话;而卮言则是随机应变的话。庄周之所以要用这三种方式进行表达,目的是避免让言论变成一种障碍。

根据社会学家戈登·奥尔波特(Gordon Allport)在《谣言心理学》的描述,在谣言中,简单朴素的事实构成"真相的核心",陌生的情况不可避免地要被纳入人们原有理解事物的参照框架中去。心理学家们发现,在谣言的传播过程中,对事实歪曲的现象普遍存在。人们记忆中的图像和故事,都有朝着我们熟悉的生活画面倾斜的倾向,以便回应我们的情感和生活。当我们在寻找意义的过程中,人们会压缩或者填充内容,以此来获得更加完美的"格式"——一个更完美、更简洁、更有意义的闭合结构。

作为企业的创立者,我们在公众(员工和顾客)面前必须表现得彬彬举止和言行,准确地表达每一个想要传达的信息或信号,不要让我们的信息和信号变成谣言。这就要求我们创业者必须找到某个人或某种方法,把我们的意图转变成普通大众能够明白的语言。而寓言、重言和卮言都是不错的表达和传递方式。

事实上,现在很多企业和企业家都在做着"某个人或某种方法",他们亲自代言自己的产品,亲自为自己的企业做形象代言,替代原来找明星大腕做代言、做代表、做广告的方式。这样既可以减去信息传导过程中的损耗和歪曲,又能让公众看到"真实"的企业和产品、服务。马云说,中国的企业家不是太多而是太少。他们这么做,一方面使自己的公司走在价值型企业的路上,另一方面也让自己走在成为企业家的路上。

● 谦谦企业家

子曰:"君子义以为质,礼以行之,孙以出之,信以成之。君子哉!"

——《论语·卫灵公》

孔子说,君子以道义为内心坚持的原则,然后依合礼的方式去实践,用谦逊的言辞说出来,再以诚信的态度去完成。这样做真是一个君子啊!

我们创业者如何成为真正的企业家呢?首先,要记住我们的本质,即内在真实的基础,就是道义——正当的行为表现;第二,要以合乎礼仪的方式去实践;第三,用谦逊的言辞说出来;第四,以诚信的态度去完成。"义"是一切的根本,"礼"着眼于实践,"孙"注重表现,"信"重在完成。

人类过去的200年经济史,就是企业家创业和创新的历史。企业家领导人们不仅创造了物质形态的新产品、新技术,而且从根本上改变了人类的交往方式和价值观念。200年前,主导人类生活的是强盗的逻辑,是战争、掠夺和强权。今天,全世界大多数人口都生活在市场的逻辑中,分工和交换成为人类合作的主要形式,尽管强盗逻辑仍然时不时干预市场逻辑的运作。当然,如果没有企业家的存在,这样大范围的人类合作是不可能的。所以,成为谦谦企业家当成为我们创业者的人生追求和自我目标。

如果我们参加过MBA、EMBA班的学习或者简单的工商管理课程培训,只需留意观察,就会发现任何商业故事里都有两条交织在一起的情节线索,无论故事是成功的还是失败的。一条是企业外部的故事,这些因素包括季度盈利、股东回报、市场份额变动、盈利增长等,讲述公司如何通过更好地为客户服务来打败对手,从而赢得外部竞争的故事。另一条则是公司内部的故事,因素包括建立业务、发展和保留一批高素质的员工、加强企业文化、优化制度、学习经验、调整业务模式、降低成本、激励员工不断完美实现自我和企业目标等。

有些企业外部运作得风生水起,但是内部问题重重;而另一些公司恰恰相反,内部发展良好而外部陷入困境。作为致力于成为企业家的创业者,如果想要自己的企业成功,必须在这两个领域中都脱颖而出,必须将道义作为内心坚持的原则,始终保持谦谦之姿。

16. 一以贯之

子曰:"参乎!吾道一以贯之。"

——《论语·里仁》

孔子说,参,我的人生观是由一个中心思想贯穿起来的。

此道为"仁",也就是整个孔子思想的核心。分为三个层次:人之性、人之道、人之成。

人性向善,我们如果行善就心安、心忍,不行善就心不安、心不忍。自然的规则一再告诉我们,生命的存在就会牺牲、消耗另外的一些生命。但是,我们要激发出内在的"向"来,才能有从善的力量。所以,最重要的是我们要真诚,真诚才能使我们的这种本性自然流露。

择善固执。一是要学习什么叫做善,并且配合内心真诚的力量去做选择。二是根据情境和对象来决定该怎么做。"固执"绝不是顽固,孔夫子自己更是说"无可无不可",所以"固执"是让我们坚持原则,但是要配合实际的状况加以变通,"惟义所在"。

止于至善,这是一个完美的境界。人生自古谁无死,子曰成仁,孟曰取义,能够在活着的时候选择一种目标完成生命的要求,这是死得其所、重于泰山。所以,孔夫子感叹:"逝者如斯夫,不舍昼夜。"只有孜孜不倦,生命的力量才能够日新又新、源源不绝。

今天的经济管理学理论已经足以让我们认识到企业发展的三大内部危机,以及它们分别出现的不同发展阶段。第一次危机是超负荷,指企业内部功能障碍和外部契机的丧失。这通常发生在由年轻管理团队掌舵的高速成长型公司尝试迅速扩展业务的阶段。第二次危机是失速,指许多发展到一定规模的企业突然将增速放缓。快速发展导致复杂的组织分层,同时,也导致员工原本清晰的分工变得模糊,而正是清晰的分工协作使公司具备专注力和动力。失速是一个公司的迷失时刻,发展的油门不再像之前那样有效、灵敏,年轻的创业者开始获得一席之地。大部分公司就在失速中再也无法恢复活力。第三个危机是自由下落,这是现实存在的最大威胁。一家如自由落体般下降的公司,其核心市场份额增长完全停滞,其商业模式突然之间就不再可行。对于一家这样的公司,时间是稀缺紧迫的,创业团队通常会感觉到公司已经失去了控制,但是却找不出根本原因,也不知道应该用什么方法把公司拖出泥潭。

这三大危机发生之时,对于已经成功通过初创期和早期成长阶段的公司来说,是最危险、最紧张的时期。不过,既然这些危机可以预测,那么我们创业者在这些危机来临之前就应该采取措施。常思孔夫子"一以贯之"的告诫,或是能帮助我们找到越过这些危机和障碍的好办法,同时也能将其转变成一个具有建设性的变化因素。

● **以本求利**

子曰:"见贤思齐焉,见不贤而内省也。"

——《论语·里仁》

孔子说,看见德行卓越的人,就要想怎么样努力像他一样,看见德行有亏的人,就要反省自己是否也犯同样的毛病。

其实,圣贤都是由修养而来,这一点跟神仙不一样,所以人人都需要修养。我们创业者经商,都希望以本求利,最好是一本万利,所以更需要提高自己的内在德行。这里的"本",或是我们自己的德行修为,本厚则利高。所以,庄周会说:"圣人和之以是非而休乎天钧,是之谓两行。"圣人能够调和是非,让它们安顿于自然之分,这就叫作"两行",是非并行而不冲突。我们创业者以本求利合乎"自然"(自己如此)或"本然"(本来如此),而没有什么不好意思的。

提高我们创业者自身修养最好的方式,就是把别人当作一面镜子。看到别人的言行,就反过来看看自己。

比自己好的，想办法向他学习，以求努力赶上；比自己差的，看看自己有没有和他有同样的缺点，有则赶紧加以改正、改善，不断自我精进，止于至善。

纵观大多数实现持续增长的公司都共享一套激励机制和行为，研究人员通常可以为我们追溯到大胆而雄心勃勃的创始人、创始团队、联合创始人在公司初创时期的正确方略。这些公司的盈利增长到了一定规模，但依然保留着创始人精神的内在特点，正是这些特点在一开始就把公司带到了一定位置：把它们自己定位为新生势力，不断挑战行业及行业准则，以服务那些没有收到良好服务的客户，或者公司间协作一起创造一个崭新的行业。此类公司有非常清晰的任务感和聚焦点，从而让公司的每名员工都能理解并且表现出极强的参与感。

处于这种经营状态的公司有加强雇员个体责任感的特别能力，而相比较之下，一般的公司中只有13%左右的雇员认为自己是全情投入的。这些公司厌恶复杂、官僚主义以及任何会妨碍明确执行战略的事物。它们更加痴迷于业务细节，并鼓励赞美一线员工，因为一线员工直接与客户打交道。

总言之，这些态度和行为构成了一个思维框架，而这个思维框架正是一家公司最伟大的东西，有人把它称为创始人精神，而我们认为这就是孔子给予创业者"一以贯之"的启示——它构成了创业公司在对抗更大、资源更丰富的业内企业时所具备的竞争优势的重要来源,也就是一个公司的"本"。

这里所说的"本",起码可以让我们的公司表现出三种难能可贵的企业特性来:新生势力具有的使命感、主人翁精神,以及重视一线业务。只要有了这三种特性,企业在对员工日常决策和行为所遵守的准则、模式和价值观,就能具有最纯粹的表达和最明显的表现。而后,或许就是万利自然来咯。

● 以德求善

子曰:"不逆诈,不亿不信,抑亦先觉者,是贤乎。"
——《论语·宪问》

孔子说,不先怀疑别人将会欺骗,也不猜测别人将会失信,但是又能及早发觉这些状况,这样的人真是杰出呀!

在商业场中,难免尔虞我诈。因为骗子有个奇怪的逻辑:如果我们终究会被骗的话,与其被别人骗不如被我骗。我自己就有不少的受骗经验和体会。我们常常讲先知先觉,可是谁能做到呢?要做到孔夫子说的真是不容易,要累积很多生活经验,更要多了解人生的失意状况。

那么，对于我们这些普通的创业者来说该如何得到启发？既然要积累很多的生活经验，年轻的我们何不暂且"忘记"，人毕竟要活在当下。或许，我们活在世界上还能够帮助别人，即使偶尔受骗，也是另一种幸运吧，至少比骗人的人要幸运多了。苏格拉底说，假设可以做一个施害者，也可以做一个受害者，我们选哪一个？苏格拉底要做受害者。因为加害别人叫做行恶、做坏事，受害者一定是被恶行伤害，宁可做个受害者，也不要做施害者，要不然生命到底算什么呢？"仁者不忧，知者不惑，勇者不惧"，如果创业者在创业的过程中能多了解自己的话，虽然创业艰辛，路漫漫也没什么好忧愁的。

于是，庄周进一步启发和勉励我们创业者："大道不称，大辩不言，大仁不仁，大廉不谦，大勇不忮[1]。道昭而不道，言辩而不及，仁常而不成，廉清而不信，勇忮而不成。五者圆而几向方矣！故知止其所不知，至矣。"大道不需说明，大辩不需言语，大仁不需偏爱，大廉不需谦让，大勇不需逞强。道，说得清楚就不是道；言，要靠争辩就有所不及；仁，有固定对象就不能周全；廉，自命清高就不近人情；勇，逞强斗狠就不能成功。这五者全都把握住，就差不多走上正确的路。所以，一个人在知道自己所不知的地方停下来，他的知识就达到顶点了。

---

[1] 读音：zhì。

我们这些创业之人,当行此"道、辩、仁、廉、勇"五者,以"葆光"(含藏光明,即为德)以聚善而成就大业。可以这么说,道属于根本智慧,辩是以言辞表达思想,仁是与人相处的原则,廉可以克服物欲,勇足以显示魄力。可以说,在创业路上,若能具备此五者,也就是"一以贯之"了吧。

17. 再思可矣

季文子三思而后行,子闻之曰:"再,斯可矣。"

——《论语·公冶长》

季文子每件事情都要考虑多次才去做。孔子听到这种描述就说,考虑两次也就可以了。

不是说"三思而后行"吗?怎么孔夫子有不太一样的看法呢?因为,任何一件事情,我们只要考虑两点:一是该不该做,二是怎么去做。特别是对于我们这些繁忙的创业者来说,如果考虑过多,一天就做不了几件事情,我们不能够蹉跎时光、耽误时机。

当然,孔夫子并不是反对三思,三思而行固然很好,只是思虑过多,难免会耽误要事、错过时机。其实,孔夫子是"无可无不可"的,可以"三思"便三思,不能三思就再思,随时以合理为标准,来应变制宜。

我们今天生活的时代充满前所未有的机遇,只要我们有雄心、干劲、才智,就能登上自己事业的巅峰——无论我们从哪里开始起步。但是,责任往往伴随机遇而生,在我们创业者懂得再思的时候,也要让员工们明白再思的重要性,帮助大家成为自己的CEO。

简单地说，就是要让员工明白，只有靠自己才能在职场闯出名堂，知道什么时候改变路线，让自己在漫长的职业生涯中保持专注和高效。要做好事情，必须有深刻的自我认识，我们最有价值的优势和致命的劣势是什么，我们如何学习、如何与人共事，我们根深蒂固的价值观是什么，什么样的工作环境能够让我们成效最高。这么做的用意非常清楚，只有在结合自身优势和自我认识的基础上工作，我们才能实现真正而持久的卓越。

● 不可及之愚

子曰："宁武子，邦有道则知；邦无道则愚。其知可及也，其愚不可及也。"

——《论语·公冶长》

孔子说，宁武子在国家上轨道的时候，显得很明智。在国家不上轨道的时候，就变得很愚笨了。他的明智，别人赶得上，他的愚笨，别人赶不上。

先介绍下这个宁武子，不然会造成误解。宁武子，卫国的大夫，他曾经侍奉过两位国君，卫文公与卫成公。卫文公有道，是好国君、好领导人，宁武子很明智，该做什么就做什么，判断从来不迟疑。后来换成了卫成公，国家无道，可是，他照样尽心尽力帮助国君，看起来好像很愚笨，实则是一般人都会的明哲保身。

知道了宁武子,再来理解孔夫子的"其愚不可及也",其实是对宁武子的称赞。他的愚笨是一种选择,是对价值观的一种选择。在乱世,宁武子坚持效忠国家,不让百姓受苦,他出来做事,至少能维持一线生机。孔夫子的主张是"无可无不可",一个人要显露明智或是愚笨,都与对错、是非、善恶无关,只要合理就好。

我们创业者当认清周遭的环境和情势,应该表现时,不要错失良机;不应该表现时,那就假糊涂吧,正所谓"难得糊涂"。

多数人以为知道自己擅长做什么,但是人们往往错了。更常见的情况是,人们知道自己不擅长做什么——即便是在这件事上,错误的人也比正确的人要多。一个人要想有所作为,只能靠发挥优势。我们不可能在自己不擅长的事情上取得成就,更不用说那些自己根本无能为力的事情。

以前的人们不必了解自身的优势,一个人生来就进入了某种社会角色、某个行业:农民的儿子依然会是农民,工匠的女儿则会嫁给另一位工匠为妻。但是今天,人们有了选择的自由,特别是在北京、上海、广州这些一线大城市,农民生出来的孩子基本上不可能再是农民了,他们一出生就已经完全被"城市化"了。所以,我们必须了解自己的优势,知道我们归属何处,或者需要团结具有何种优势的人。

想要发现我们的优势,唯一的方法或许就是回馈分析法。每当我们做重要决定或采取重要行动时,就会写下我们期望发生的事情。9个月或者12个月以后,将实际结果与我们的期望做对比。这种方法一旦采用,经验告诉我,一定会有意外收获。例如:回馈分析法告诉我,可以凭直觉理解某一类人群,同时也能完全与另一类人产生真正的共鸣。

有专家研究发现,只要我们始终如一地运用这个方法,就可以在很短的时间内,也许只是两三年,发现我们自己的优势所在——这一点对于我们每个人都特别重要,也有可能是今后职业发展中最重要的事情。这个方法能告诉我们,正在做或没有做的哪些事情,让我们无法从自身优势中充分获益。它会向我们表明,哪些方面我们并不擅长,最后它还会告诉我们,哪些方面我们没有优势,根本做不来。

在做完这些事情之后,我们在几个方面采取行动:一是专注于自己的优势,把我们自己放在能够发挥优势、创造成果的地方;二是不断强化优势,提高技能或学习技能;三是看看在哪些方面我们因才傲物造成了无能和无知,要想办法去克服;四是要纠正自己的坏习惯,就是那些因为我们做了(或没做)而降低工作成效和业绩的事情。

这个回馈分析的方法还会揭示,什么时候问题是源于缺乏礼貌——礼貌是一个公司或组织的润滑剂。摩擦是一条自然规律,两个运动的物体在相互接触中就会产生摩擦。礼貌,其实很简单,比如说声"请"、"谢谢"、"对不起",记住某个人的姓名或者问候他的家人等细节和小事。但是,多年的政府工作和创业经验告诉我,聪明的年轻人经常不明白"礼貌"的重要性。在需要与人合作的时候,某个原本工作出色的人屡屡失败,这很可能意味着他的举止不得体,也就是没有礼貌。

将期望与结果进行对比,还揭示出哪些事情我们不应该做。我们每个人都有许多毫无天赋或一窍不通的领域,甚至连平庸的水平都达不到。我们不应该在这些领域承担任何工作、职位和任务,尤其是知识型工作者。我们在改进自己的弱项时,应该尽量少浪费时间。从无法胜任提高到普通水平,所付出的精力和努力要比一流到卓越多得多。然而,大多数人,尤其是老师和管理者,总是致力于把不合格的人培养成表现平庸的合格者。实际上,我们(特别是创业者)应该把有限的精力、资源和时间都用于将足以胜任的人打造成职场明星。

● *如之何之省*

子曰:"不曰'如之何,如之何'者,吾未知如之何也已矣。"

——《论语·卫灵公》

孔子说,不说"怎么办,怎么办"来提醒自己的人,我对他也不知道怎么办才好。

在创业的过程中,行为的主体是我们每一个创业者,走上正路要靠自己下功夫,所谓的"创业导师"也好,"行动标杆"也罢,老是靠他们的提醒是不可能的。关键是在我们创业过程中遇到困难的时候,要先自己反省该怎么办。

一个创业者有什么样的观念,就会带来什么样的行为;有什么样的行为,就会养成什么样的习惯;有什么样的习惯,就会进一步塑造成什么样的性格;有什么样的性格,就会决定什么样的命运。命运其实就是遭遇。我们今天的遭遇,恐怕是观念造成的。

"如之何,如之何",再思的意义非常重要。眼睛可以看到别人,但却看不见自己。照镜子只能看到外表,却没法看见内心。创业者一定要有内省的功夫,同时还要树立榜样去学习。

在创业过程中遇到问题的"再思",应该掌握三点。

第一,自己的真诚如何。真诚是一个人立于社会的基础,也是孔夫子和儒家特别重视的一种品格和人性属性。我们若不能做到真诚,就不可能是我这里说的真正的"再思"。一个人在创事业也好、岗位履职也好,如果不懂真诚对待事业和岗位,就不可能做到敬业、勤业,"乐业"更是奢望、奢求。

第二,跟自己相处的人(同事、客户等)对我们有什么要求。事业不可能只是自己的,如果有一天我们发现自己所从事的工作变成只是自己一个人"事业",我们就应该好好反省一下这个所谓的"事业"是否真的值得我们去追求和努力。事业,有时候和个人欲望很容易混淆和迷乱。当然,有时候个人欲望也会转变成是一项事业——电子竞技、游戏测试等新兴业态就是典型的现实例子。

第三,社会规范。"顾客就是上帝"这句广告词是错误的、不负责任的、误导人们的。可是,它却一直很有市场,人们很喜欢听。或者用它吸引顾客,或者用它要求员工。喜欢它的人,要么是无知,要么就是不明白何为上帝。我们创业者经营自己事业的时候,要有自己的经营底线,这底线就是社会规范,它比道德规范具体和好掌握,也更容易遵守。

再思之后,或许就应该学学庄子"无适焉,因是已",不要再追逐这些问题了,顺着"状况"去做就对了,也就是前面说的"再思"时需要的真诚、为人、处事的情况。

18. 绘事后素

子夏问曰:"'巧笑倩兮,美目盼兮,素以为绚兮。'何谓也?"子曰:"绘事后素。"曰:"礼后乎?"子曰:"起予者商也!始可与言诗已矣。"

——《论语·八佾》

子夏请教说:"'笑眯眯的脸真好看,滴溜溜的眼真漂亮,白色的衣服就已经光彩耀目了。'这句诗是什么意思?"孔子说:"绘画时,最后才上白色。"子夏接着问:"那么,礼是不是后来才产生的?"孔子说:"能够带给我启发的就是商啊。现在可以同你谈诗了。"

商就是子夏。在整部《论语》中,被孔子公开称赞说,可以从其身上获得启发的只有子夏这个学生。这句《诗经》中的诗句说的是,有一个女孩子很漂亮,天生丽质,她穿上白色的衣服就显得更加绚丽动人。白色是一种特殊的颜色,画画时,先上各种彩色,青色、红色、蓝色、黄色,最后才是白色。白色看起来是没有颜色的,但是它使其他色彩全部凸显出来了。所以,一个漂亮女孩子本身就是彩色了,穿上白色的衣服,就显得更加漂亮了。

孔子已经让我们知道,人性向善,本身就非常美。礼是形式，让人内心真诚的情感表现出来。所以，白色的礼就是让内心多姿多彩的情感有适当地表现。

当然，这段对话除了给我们"绘事后素"的启发外，还有"教学相长"的借鉴——孔子听到子夏的"礼后乎"立即就称赞子夏给了自己启发。

儒家提倡"文质彬彬，然后君子"，是强调外在跟内在要合一。正如《诗经》的这句"巧笑倩兮，美目盼兮，素以为绚兮"，真正的彩色是内在真诚的情感，这是儒家的基本立场。

前几年美国著名的预测专家纳特·西尔弗出版了一本叫做《信号与噪声》的著作，在我国风靡一时。书中指出，当今社会信息越多，问题越多。大数据就像是"巧笑"之倩、"美目"之盼，预测者们被众多信息中的噪声干扰，如果没有一颗"素心"，就会忽视掉其中真正的信号。

这"素心"，就是仁和知。真正优秀的创业者，会用概率的方法思考问题，他们谦虚而且勤恳，他们能清楚地区分什么是不可预测的、什么是可预测的，他们注重能带领自己接近真相的成百上千个小细节，他们能辨识什么是噪声、什么是信号。

● 仁以绘事

子张问仁于孔子。孔子曰："能行五者于天下，为仁矣。""请问之。"曰:"恭宽信敏惠。恭则不侮,宽则得众,信则人任焉,敏则有功,惠则足以使人。"

——《论语·阳货》

子张向孔子请教如何行仁。孔子说:"做人处事能符合五点要求就是行仁。"子张说:"请您教导我这五点要求。"孔子说庄重、宽大、诚实、勤快、施惠。庄重就不会招来侮辱,宽大就会得到众人支持,诚实就会受人任用,勤快就会产生功效,施恩、施惠就能够领导别人。

在《论语》中,孔子多次被学生请教如何行仁,但是孔子每一次的回答都不一样,其一是因为孔夫子的"因材施教",还有就是孔夫子的目的是要让不同的学生以答案为基础,根据不同的情况仔细推敲,择善的责任在自己。

这段话对我们创业者除了上面的启迪外,还有更多的借鉴意义。多年、多人的创业经验和教训告诉我们,这"恭、宽、信、敏、惠"五点很好地总结出了创业者在与人相处时需要的一种适当态度。

第一,"恭",就是自己要庄重,其行己也恭。社会学家们的研究发现,一种陌生情况发生的时候,人们不可避免地会将它纳入原有理解事物的参照框架中去。记忆中的任何图像和故事都有朝着人们熟悉的生活画面倾斜的倾向,以便回应我们的情感和生活。这就启发我们创业者，不仅要在与人相处的时候保持庄重，更重要的要在独处的时候保持一种庄重。因为独处的庄重，更会影响我们的"参照框架"，从而影响到我们的反应和行为。

第二，"宽"，对别人宽大。那些我们耿耿于怀的事情和人，从更高层面的意义上来看，恰好就是我们所不理解的事情和人，也就是我们所缺乏，甚至是需要、互补的东西。对别人保持宽容，或许就是给我们的事业多一个机会。

第三，"信"，诚信，不仅说话诚信，而且能够做到承诺的事。这一点在商场特别重要。但是，孔夫子也说过"无可无不可"，信守承诺的时候，一定切记"惟义在"。对于那些时过境迁的承诺，一定要再思而行！

第四，"敏"，做事勤快，绝不耽误时间。我们开创事业的时候，一定是事情繁多、困难重重的时候，而此时往往人手又是最短缺，若不勤快，事业难成。更重要的是，创业者若能保持一种勤快，它更能感染同事、感召顾客，对形成良好的企业文化品质意义重大。

第五，"惠"，施恩给别人，对别人很好。首先是己所不欲勿施于人，做事做人要讲良心、求安心；其次是爱己及人，对顾客、对同事、对员工、对社会都要有一种感恩之心、回报之心、回馈之心。只有这样，我们的事业才会得到源源不断地帮助和推进，才有获得成功的机会。

● 三知后素

孔子曰:"不知命,无以为君子也;不知礼,无以立也;不知言,无以知人也。"

——《论语·尧曰》

孔子说,不了解命的道理,没有办法成为君子;不了解礼的规范,没有办法在社会上立足;不了解言辞的使用,没有办法了解别人。

这段话,孔子是要我们"知命、知礼、知言"。对我们创业者的启发就是要知道自己的创业使命、懂得礼仪规范,并能够听言识人。综合起来,就是我们创业者的终极目标是要成为一个企业家。

从普通的商人成长为企业家,就是要了解正确的路在何方,由内而发,通过真诚的力量促使自己走上正确的创业道路。

人们需要建立相关的意识,赚钱并不是商业活动的目的,商业的本质是用来解决社会问题,实现社会、人与环境的和谐发展,企业需要通过持续服务来提升价值创造的能力。对企业而言,公众的信任比黄金还重要。创业者沿着"知命、知礼、知言"发展事业,就是在提升企业的CSR影响力(Corporate Social Responsibility,企业社会责任)。就算是初创公司,也可以看到CSR不再只是遇到负面的外部性时做的补救,而是在第一顺位成为避免负面外部影响的措施。它影响了生产流程、基础结构(价值构成、合作伙伴网络及核心竞争力),并因其采取的措施而赢得客户。

无论组织内外,要说服资源方来投资项目,负责人就得告诉人们CSR会产生多大的社会影响力。此外,"社会"一词包括了经济、环境和社会,并不单指社会。

无论我们创立的是何种组织,在从事商业活动时都要考虑以下三个问题:一是用到哪些经济、社会和环境资源来开展活动,即需要多少资源和投入来开展业务;二是这些活动对经济、社会和环境产生的后果是什么;三是CSR的成果会大于使用的资源吗。

公式:社会影响力=成果-投入

公式虽然简单,但是很多机构并非这样做。营利机构只知道投资一家公司,雇佣员工花了多少钱,并不知道是否对社会造成伤害,以及造成多少伤害。

投入的部分可以是捐赠或投资,也可以是技术、时间和专业、NGO组织的检测支持等。公司让员工带薪做CSR活动时,工资便是公司的投入。哪怕是没有工作的年轻人在从事相关活动时,同样的时间和能力投入到类似的工作中所获得的回报也应该作为投入计算。

成果的衡量则是被助对象增加的收入,改进的健康条件或是减少的二氧化碳排放量等。把成果换算成数字是比较麻烦的事情，比如健康条件改善后，当地人就医次数的减少以及医药成本的降低，这些都可以换算成有效的经济数据。

当然，对于创业中的公司来说，并不需要太过计较社会影响的认证标准，知道自己这样做就是走在正确的创业路上就够了。

19. 好学长进

子曰:"君子食无求饱,居无求安,敏于事而慎于言,就有道而正焉,可谓好学也已。"

——《论语·学而》

孔子说,一个君子,饮食不求满足,居住不求安适,办事勤快而说话谨慎,主动向志行高尚的人请求教导指正,这样就可以称得上是好学的人了。

大部分人之所以选择这条艰难的创业之路,很难说不是为了提高衣、食、住、行的水平,或者是为维持衣、食、住、行的高水平。孔子的这一段话,就是要我们创业者警醒,衣、食、住、行是生活的必备条件,但是不必无限制地提高水平,以免欲望无穷,害得自己疲于奔命。若是为了衣、食、住、行的需求,而赔掉自己的健康、牺牲自己的生命,那就更加不值得。

那么,是不是就意味着我们在满足了自己一定水平的衣、食、住、行的生活条件之后就可以停止创业呢?并不是的。孔子主张粗茶淡饭,居处舒适而不奢侈,安居却不豪华,既是为我们的健康生活和环境保护,更是要我们把注意力从生活条件中转移出来,提升自己认真负责的做事能力,以及谨慎小心的说话态度,常常向道德修养良好的君子请教相关问题。创业最终的事情,莫过于提升自己的品德修养。创业小康之后,应多花一些时间充实自己,做自己有兴趣的正当事情,"就有道而正",自然能够让自己和事业进步得很快。

- 好学的创业者,一方面减轻物质欲望,同时自己说话做事能够恰到好处,然后再向那些有道者去请求指导。
- 真正的好学不能离开行为,也就是说一方面要了解,一方面要实践。
- 儒家认为人有理性,一定要发挥理性的能力改善人的生命品质。
- 在谈到儒家的好学,它里面含义非常丰富,它可以概括成为我们做人处事的原则,也就是自我要求。
- 好学不是为了显示给别人看,是为了让自己长进。子曰:"古之学者为己,今之学者为人。"
- 好学的目的是要改善自己,让自己的生命趋于完美。

现代学术理论对这"好学"也有科学和数据的论证进行支撑,这就是所谓的"一万小时定律"。

英国神经学家Daniel Levitin认为,人类脑部需要这么长的时间,去理解和吸收一种知识或者技能,才能达到大师级水平。顶尖的运动员、音乐家、棋手,需要花一万小时,才能让一项技艺至臻完美。

一万个小时是怎么算出来的?格拉德韦尔一直致力于把心理学实验、社会学研究,对古典音乐家、冰球运动员的统计调查改造成流畅、好懂的文字。在调查的基础上,他总结出了"一万小时定律"。他的研究显示,在任何领域取得成功的关键跟天分无关,只是练习的问题,需要练习1万小时——10年内,每周练习20小时,每天3小时。每天3小时的练习只是个平均数,在实际练习过程中,花费的时间可能不同。20世纪90年代初,瑞典心理学家安德斯·埃里克森在柏林音乐学院也做过类似调查,学小提琴的都大约从5岁开始练习,起初每个人都是每周练习两三个小时,但从8岁起,那些最优秀的学生练习时间最长,9岁时每周6小时,12岁8小时,14岁时16小时,直到20岁时每周30多小时,共1万小时。

● 因材而学

> 孔子曰:"生而知之者上也;学而知之者次也;困而学之,又其次也;困而不学,民斯为下矣。"
>
> ——《论语·季氏》

孔子说,生来就明白人生正途的是上等人;学习之后明白人生正途的是次等人；遇到困难才去学习人生正途的是更次一等的人；遇到困难还不肯学习的人就是最下等的人了。

一般来讲，人有区分，各有不同，也因我们的标准各异。不过，对于我们创业者来说，就是要知道我们在自己创业的领域里面属于哪一类人，是"生而知之"还是"学而知之"又或是"困而学之"，更要尽早知道自己在所属领域是否是"困而不学"的。不过，若真是"困而不学"的人，或许也就发现不了，若能反思自己"困而不学"，已不是"困而不学"了吧。

前面提到的"一万小时法则"，在成功者身上很容易得到验证。作为电脑天才，比尔·盖茨13岁时有机会接触到世界上最早的一批电脑终端机，开始学习计算机编程，7年后他创建微软公司时，已经连续练习了7年的程序设计，超过了1万小时。

为什么是一万个小时？"一万小时法则"的关键在于，一万小时是最低限，而且没有例外之人。没有人仅用3000小时就能达到世界级水准，7500小时也不行，一定要10000小时——10年，每天3小时——无论是谁。这等于是在告诉大家，一万小时的练习，是走向成功的必经之路。

音乐神童莫扎特，在6岁生日之前，他音乐家的父亲已经指导他练习了3500个小时。到他21岁写出最脍炙人口的第九号协奏曲时,可想而知他已经练习了多少小时。象棋神童鲍比·菲舍尔,17岁就奇迹般奠定了大师地位,但在这之前他也投入了10年时间的艰苦训练。在大量的调查研究中,科学家发现,无论是在对作曲家、篮球运动员、小说家、钢琴家还是象棋选手的研究中,这个数字——10000,反复出现。这是"一万小时法则"被提出的事实论据。

这或许说明,不管我们是"上也"、"此也"、"又其次也",都需要去学习,持续去学习,并根据自己的特点(兴趣爱好等)去坚持学习。从这个意义上来说,创业的过程,也就是不断学习的过程、坚持学习的过程。

其实,对于成功者来说,不管练习的过程(对于创业者来说,就是创业的过程)枯燥与否,有趣与否,我们都必将付出远远超出常人的代价。心甘情愿花上一万个小时来打通任督二脉的人,大多不是寻常之辈。

从心理学上分析,用上千上万小时来做一件事并不是一件理性的事。常常会产生困扰,还会被人家认为是死心眼。但这种极端的感受却正是才能的组成成分,因为这里包括我们不能完全控制的力量:我们的情感、我们的个性、我们的激情。这是维持与激发激情的钥匙。

其实一万个小时还有另外一种表述方式,那就是"十年"。早在20世纪90年代,诺贝尔经济学奖获得者、瑞典科学家赫伯特·西蒙就和埃里克森一起建立了"十年法则"。他们指出,要成为大师,一般需要约10年的艰苦努力。不难让人联想到中国的古话"十年磨一剑",其实是同样的道理。人们都羡慕那些成就非凡的弄潮儿,可是有没有想到,他们其实大多数也和我们一样是平常人,其所以能脱颖而出,就是因为他们有超人的耐心和毅力,肯花一万个小时甚至更多的时间来训练和学习积累,所以才水滴石穿,终成正果。如果人们也想像那些杰出人物一样出类拔萃,就别埋怨自己没有机会,不逢贵人,怀才不遇,而是先问问自己功夫下得够不够,有没有付出过一万个小时的努力。无数事实证明,一个人只要不是太笨,太不开窍,有这一万个小时的苦练打底,你即使成不了大师、巨匠,至少也会成为本行业的一个具有丰富经验的专家,一个对社会有用的人。但是要成为你想成为的人,就必须走上这条路。而在成功的诸多要素中,唯一能为我们所掌控的,恐怕也就是这一万个小时了。

● 能思长进

孔子曰:"君子有九思:视思明,听思聪,色思温,貌思恭,言思忠,事思敬,疑思问,忿思难,见得思义。"

——《论语·季氏》

孔子说,要成为君子有九种考虑:看的时候考虑是否明白,听的时候考虑是否清楚,脸上的表情考虑是否温和,容貌与态度考虑是否庄重,说话的时候考虑是否真诚,做事的时候考虑是否敬业,遇到疑问考虑向人请教,临到发怒时考虑麻烦的后患,见到可欲的东西考虑该不该得。

我们创业者在征途中,若能有着九思,怎么可能有一刹那的分心呢?又怎么可能有一刹那做错事呢?这样,我们的创业"长进"就是进行时!

思维框架是心灵层级的思维方法体现,每个人的思维都不同,正是框架形状的不同,即大脑对于各领域事物认知判断的固定性从而形成一种框架,所以每个人的思想不同。孔夫子的"九思"恰似这思维框架的九根柱子,能够帮助我们创业者搭建起企业家该有的基本思维框架。

而思维不同的根源是心灵的层次。心灵的层次即对于认知的消化融合的层次效率。越是推崇知识越是心灵层次低下,因为其心智被知识所占据。自然由心灵所展现的思维方法,即思维框架就会有一定的形状。此形状即对于外在事物状况的判断有固定的反馈。在此框架固定下,对于同一领域的认知难以去接纳新的事物。自然体现了这个人的心灵层次是低级的,不智慧的,局限的,肤浅的。

以下是思维框架的体现:越是固化越是牢笼,心灵难以自由则肤浅、局限；越是灵活越是渗出，心灵将越加接触外在便于接纳。而悟道的人便是清除自身的念头和旧有的思维习惯，让自己的意识保持清明空无的状态，使心灵完全的自由，从而达到真正的思想自由。那么，他的思维框架将没有牢笼状态，他能接触任何事物，用自身的智能意识判断。

智慧的人思维框架是无形的，有的只是自己的意识，即智慧。如此他的思维认知效率便极大地提高，灵感源泉不断，理解能力大大提升。如此，这样的智慧学习接受知识便是事半功倍，且能融会贯通。

从佛家角度来说，就是开悟，清明之心，明心见性，破除内心种种，还原其本来面目，智慧自然生出。从道家角度来说，就是悟道，感悟一切，以空无之无极化生太极以及万物，衍生的方法为逻辑思维，在思维领域也是如此，即空无之中智慧显现，感知自然的一切以及事物的一切。从儒家角度来说，就是成仁就义，成为君子，而止于至善。

20. 慎终追远

曾子曰:"慎终追远,民德归厚矣。"

——《论语·学而》

曾子说,丧礼能慎重,祭祀能虔诚,社会风气就会趋于淳厚了。

曾子就是曾参。一般来讲,终就是生命的终点,一个人生命的结束,人死为大。远则指远祖,祭祀远祖,说明一个人不能忘本,能够饮水思源,这个时候要虔诚。

一个社会的风气是慢慢形成的,一个企业的风气也是一样由上而下慢慢形成,所以注意到慎终追远,注意到丧礼跟祭祀,就会使社会风气归于淳厚。

没有人是孤立的。大家在一起的时候,要互相忍让,替对方设想,有时候难免委屈自己。我们在意的是尊重个性,想要得到再出发的动力,就要包容人性。

如果说第19章"好学长进"谈的是创业者要"以理智谋价值",那么第20章"慎终追远"则告诉我们创业者也要"以情怀容人性"。

● 抚心平和宁静

子张问明。子曰:"浸润之谮,肤受之愬,不行焉,可胃明也已矣。浸润之谮,肤受之愬,不行焉,可谓远也已矣。"

——《论语·颜渊》

子张请教明见的道理,怎么样才看得明白。孔子说:"日积月累的谗言与急迫切身的诬告,在你这都行不通,你就可以说有明见了。日积月累的谗言与急迫切身的毁谤,在你这都行不通,你就可以说是有远见了。"

对于"浸润之谮",作为创业者,我们要警醒自己:不管别人怎样慢慢下功夫,在耳边讲这个、讲那个,始终都能保持客观的态度批评被议论者。做一个有明见和远见的创业者,必须心里有数,不轻易受影响。

对于"肤受之愬",作为创业者,要保持平和宁静的心态。听到诽谤之词应该想:有则改之,无则加勉。更要有"清者自清,浊者自浊"的自信,不论谁有议论、如何议论,我们心中坦荡,问心无愧。就像庄子所说,天下人都称赞我,不会使我更振奋;天下人都批评我,不会使我更沮丧。

《人民日报》帮我们梳理了六类人[1],让我们保持警

---

[1] 让"朋友圈"清清爽爽,徐文秀,《人民日报》(2017年2月7日第4版)。

惕之心,他们分别是:

第一类是"能量大"的人。有一种人总是神秘兮兮,给人感觉来头很大、"水很深",似乎什么事情都不在话下,都敢于拍胸脯包办。这种人往往不是吹牛撒谎,就是在拉大旗作虎皮,胆大妄为、胡作非为。然而,很多人对他们常常心生仰慕,会不由自主地攀附上去。和"能量大"的人交往,容易被其蒙蔽,说不准哪一天被带到沟里去还浑然不知。

第二类是"会来事"的人。他们往往整天阿谀奉承,善于揣摩心思、投人所好,想你之未想、急你之未急,特别善于帮你"摆平""搞定"麻烦。他们多喜欢吹吹拍拍、拉拉扯扯,油腔滑调、见风使舵,甚至结党营私、拉帮结伙。与"会来事"的人相处,容易被带进"圈子"、结为团伙,陶醉于你来我往、投桃报李的人际关系中,渐渐被各种庸俗哲学网罗其中。

第三类是"花大钱"的人。出手阔绰、花大钱不眨眼的人,未必是豁达大方。"天下没有免费的午餐"。掉馅饼之时,往往是有陷阱之日。大手大脚为你花大钱的人,绝不是无私慷慨,多半恰恰是居心不良,或有求于你,或图来日回报,即便都不是,迟早有一天也要从你那寻求弥补。与这样的人相处,久而久之会"被围猎""被绑架",成为一条绳上的蚂蚱。

第四类是"江湖气"重的人。有一种人开口好兄弟,闭口铁哥们,不惜两肋插刀,一副侠骨、仗义的样子。江湖气说白了是一种匪气、痞气和戾气,在官场上叫"官油子",在社会上叫"老油条"。和"江湖气"重的人相处,搞"金兰结义",狼狈为奸、沆瀣一气,势必会被拉下水。

第五类是"颓废消极"的人。现实中,有的人似乎什么都不在乎,动辄看透了,他们或整天只知吃喝玩乐、歌厅泡吧、搓麻桑拿,或意志衰退、精神滑坡、萎靡不振、不思进取。如果身边都是这些人,耳濡目染纸醉金迷、贪图享受的生活,不以低级趣味为耻、反以为荣,甚至觉得在他们面前自己落伍了、老土了,那么变坏也就是迟早的事。

第六类是"自由散漫"的人。有的人一味主张个性张扬,强调活出自我,往往天马行空、目无纲纪。这种人大多不讲约束,组织观念淡薄,集体意识淡化,懒散疲沓、松松垮垮。"浅近轻浮莫与交,地卑只解生荆棘。"和自由散漫、轻浮轻率的人交往久了,往往会向往"牛栏关猫,进出自由"的生活,逃避监督、规避管理,离出事也不远了。

尽管近朱者未必赤、近墨者未必黑,但毋庸讳言,不是每个人都有这般秉性和定力,人与人之间是容易相互影响的。一个人要行得稳、走得远、飞得高,就得慎交友、结好伴,让自己的创业圈"如入兰室",神清气爽。

● 御人劳逸结合

子路问政。子曰:"先之劳之。"请益。曰:"无倦。"

——《论语·子路》

子路请教从政的做法。孔子说:"自己带头做事,同时使百姓勤劳工作。"子路想知道进一步的作为。孔子说:"不要倦怠。"

有句俗话叫"行百里者半九十"。一百里的路,走到九十才算一半,最后那十里也占了一半分量。老子也有句话,说一般人做事情,常常在快要成功的时候却失败了,所以我们创业者切记要慎终如始,越到最后关头越要小心。不过,从乐观的角度来说,当我们觉得非常艰难,甚至是感觉前所未有的艰难的时候,应该庆幸我们离成功已经很近了。

当然,这句话更多的是启发我们创业者在施行管理的时候,应该让员工感到"不无聊",又能劳逸结合。让员工不要无聊是一个管理原则,劳逸结合则会让人们觉得听从管理很有意思。西方宗教都会强调所有的罪恶来自无聊,今天无聊魔鬼就来了,让人们去做这个坏事、那个坏事。一个人忙起来的时候,哪里有时间去做坏事?所以,孔夫子才让我们自己做表率,带领大家一起努力工作,不要倦怠,一直做下去。

子曰:"饱食终日,无所用心,难矣哉! 不有博弈者乎? 为之,犹贤乎已。"

——《论语·阳货》

孔子说,整天吃饱了饭对什么事都不花心思,这样很难走上人生正途啊! 不是有掷骰子下棋的游戏吗? 去玩玩也比这样无聊要好一些。

在《新约》里有个故事,有一个人被魔鬼附体了,苦不堪言,就请耶稣帮他驱魔。魔鬼被耶稣赶走了,这个人没地方去就到处游荡,最后一看很无聊啊,于是,就找了魔鬼附在旧宿主身上。这个《圣经》故事和孔夫子这段话启发我们:如果我们忙碌起来,魔鬼也觉得无懈可击;可是,如果无聊的话,就会胡思乱想。

我们创业者不仅要让自己有事做,也要让我们的同事、员工有事做。活着,有事做才有价值。虽然工作的时候很劳累,但是创业让我们每天早上起来都有明确的方向,很幸福。

● 达人切忌仓促

阙党童子将命,或问之曰:"益者与?"子曰:"吾见其居于位也,见其与先生并行也。非求益者也,欲速成者也。"

——《论语·宪问》

阙党的一个少年来传达信息。有人谈到他就问："他肯定是求上进的人吗？"孔子说："我看他坐在大人的位置上，又见他与长辈并肩而行。这不是一个想求上进的人，而是一个想走捷径的人。"

孔夫子曾经说过："后生可畏，焉知来者之不如今也？"那么，我们这些年轻的创业者对自己要全面肯定吗？这段对话就是提醒我们，也不一定是全面肯定。有不少年轻的创业者基础不够扎实，稍微站稳就觉得自己有机会了，跟前辈在一起，就要赶快跟前辈并驾齐驱，这是种麻烦。其实，年轻的创业者只有一个任务，就是下功夫，不要着急，等我们上场的时候就怕自己学问、能力、经验不够。

元朝的大臣彻里帖木耳，处理公务精明干练，善于决断。有一年他在浙江任职，正好逢上省城举行科举考试。他目睹了这场考试，从官府到考生都花费了许多钱财，免不了有营私舞弊的情况。他暗暗下了决心，待到自己掌握了大权，一定要促使朝廷废除这种制度。后来，他升任相当于副宰相的中书平章政事，便奏告元顺帝，请求废除科举制度。中国科举制度隋唐以来已实行了七百多年，要废除它是一件非常重大的事，在朝臣中引起了巨大的反响。大师伯颜表示支持，但反对的很多。有位御史坚决反对废除科举制度，他请求顺帝治彻里帖木耳的罪。不料，顺帝虽然很昏庸，但对废除科举制度倒是赞成的。因此，不仅不支持那位御史，反而把他贬到外地去当官。

不久，顺帝命人起草废除科举制度的诏书，准备颁发。诏书还未下达，地位略低于平章的参政许有王又出来反对废除科举制度。他对伯颜说，如果废除科举考试制度，世上有才能的人都会怨恨的。伯颜针锋相对地说，如果继续实行科举考试制度，世上贪赃枉法的人还要多。许有王反驳，没有实行科举考试制度的时候，贪赃枉法的人不也是很多吗？伯颜讽刺他，中举的人中有用之才太少，只有许有王一个人可以任用！许有王不服气，举出许多当时中举的高官来反驳。伯颜坚持自己的观点，于是两人争论得非常激烈。第二天，满朝文武被召到崇天门听读皇帝下达的废除科举制席的诏书，许有王还特地被通知在班首听读，皇帝特意要让这个反对者听得明白些。许有王心里非常不愿意，但又惧怕得罪皇帝遭到祸害，只好跪在百官前列听读诏书。听读完诏书后，百官纷纷回府，许有王满脸不高兴地低头走路。有个名叫普化的御史特地走到他边上，凑着他的耳朵冷嘲热讽他说："参政，你这下成为过河拆桥的人啦。"这话的意思是，你许参政是靠科举当官的，现在宣读皇上关于废除科举制度诏书，你跪在最前面，似乎是废除科举制度的领头人，就像一个人过了桥后就把桥拆掉一样。许有王听了又羞又恨，加快步伐离开。之后他借口有病，再也不上朝了。

创业的小聪明过早反而不是好事。实际上，创业的人生也是要有秩序的，不能着急，欲速则不达。

21. 约失者鲜

子曰:"以约失之者,鲜矣!"

——《论语·里仁》

孔子说,因为自我约束而在做人处事上有什么失误,那是很少有的。

在这个花花世界,创业者必须要有自我约束。自我约束是指自制、自控、自律。自我约束是我们传统文化的思想精髓,强调自我约束、立德修身,历来是古代先贤所推崇的高尚品质。主要是教育人们自觉进行自我修养、自我约束、自我监督、自我教育、自我完善,达到至善、至仁、至诚、至道、至德、至贤。

对我们创业者和企业的自我约束,可以归为以下几类:

一是依法约束。依法约束主要体现在两个方面:一是企业必须依法履行对国家、社会、股东、员工的义务,包括资产保值增值、依法纳税、保护环境和自然资源、保证产品质量、依法履行合同、依法搞好劳动保护、依法保证职工利益等。二是企业必须依法调整企业内部各种关系,主要是股东(股东会)和资本结构(董事会)方面的关系和企业管理方面的关系。

二是民主约束。民主约束的原则主要针对国有、集体性质的创业者和公司,它是由国有企业、集体企业的社会属性决定的。民主约束是企业实现民主管理的一个重要方面,坚持这一原则,可以使职工不但从经济方面关心自己的利益,而且更加关心企业的生存与发展,关心企业经营、管理、财务收支、后勤服务等一系列关系到切身利益的管理环节,促使企业经营者提高管理水平。对此,要特别注意在建立现代企业制度的同时落实民主约束原则,探索现代企业制度下民主化管理的新内容、新形势、新方法。这个约束其实对我们民营、混合企业和创业者也有一定的参考和借鉴意义。

三是平等约束。平等约束要求约束是统一的、严肃的,对企业的任何部门和个人的生产经营管理行为的约束一视同仁,决不能有不受约束的部门和个人。平等约束也应是公正的,对任何违反约束规范的行为都要按章处理,不因约束对象的职务、身份等不同而有所区别。应从约束对象地位平等、约束内容平等、约束处置平等三个方面,探讨平等约束的方式、方法,使平等约束发挥应有的效力。

四是公开约束。企业自我约束是一项全方位、全过程、全员的管理活动,涉及企业内部的各部门、各环节和全体员工。只有公开约束,才能够将约束活动始终置于广大员工和各部门的监督之下,公开约束要抓好三个环节,即约束内容公开、约束过程公开、约束结果公开。企业在市场环境中,机遇与风险并存。企业要抓住机遇,规避风险,必须搞好公开约束工作。有条件创业公司和创业者,应该考虑建立企业自我约束的机制,重视和加强公开约束的过程公开和结果公开两个方面的工作,增加规范化和法制化的内容,保证企业经营管理活动达到预期的目的。

● 谨慎担保

孺悲欲见孔子,孔子辞以疾。将命者出户,取瑟而歌,使之闻之。

——《论语·阳货》

孺悲来了,要拜访孔子,孔子托言有病拒绝见他。传命的人一走出房间,孔子就取出瑟来边弹边唱,让孺悲可以听到。

这一段记录的是孔子的"不教而教"的故事。孺悲或是做错了事,他希望得到孔子的谅解,于是来找老师。他只要跟孔子见了面就可以跟别人说,你们不要再怪我了,老师已经知道我的情况了,他原谅我了。别人知道孔夫子确实见过他后,就可能相信了。今天,我们商业社会上常说的"背书"就是这种情况,也就是担保。所以,孔子不见孺悲,又弹又唱让他知道就是不见你,要好好反省,自己觉悟,自己改进,不要妄图找借口。

创业者要约束自己不做担保人。生意场是讲规则的,也是讲理性、讲风险和讲收益的,江湖义气不能成为主流,同情也不能成为公司决策的重要依据。

这本书谈到这里,相信我们创业者已经明白商业是一种最行之有效的善的实现形式。它帮助我们最大可能地避免犯"以爱之名"做罪恶之事。

大人之爱小人也,薄于小人之爱大人也;其利小人也,厚于小人之利大人也。[1]——君子爱小人,胜过小人爱君子;君子施利予小人,胜过小人施利给君子。

这是墨子的兼爱思想,一种对人无差别的爱。墨子的"兼爱"精神是大爱,却让人们听来多少感到窘迫。毕竟,在当今这个世界能有几人可以称之为"大人"呢,更少有人敢在内心深处承认自己就是"君子"。

墨子传达兼爱精神的时候,显然是以信息为中心的(显然这信息用现在时髦的话来说,是"正能量"的),而不是以人为中心的。这样只会让人感觉抽象,以及遥不可及。就像现在人们对待钻石的态度,拥有它只是一种虚荣的表现、财富的象征,却不能解决人们的实际问题。

如果,能够更加注重人,以人为中心,用他的信息解决听众关心的问题,给人们时间和空间,人们就能够用自

---

[1]《墨子·大取》。

己的方式解决所犯的错误和罪的问题。

老子看到了这一点:"天下皆知美之为美,恶已;皆知善,斯不善矣。"[1]而且此事"恒也",所以他转而面向"人",接着说道:"是以圣人居无为之事,行不言之教。"[2]

耶稣则传扬"舍己的爱"——不要与恶人作对,有人打你右脸,连左脸也要转过来由他打。[3]在这里,耶稣作为一个更注重人而不是思想的形象出现。其实,他的一生都在关心人以及人的需要。

事实上,对罪的意识,并不仅仅局限于个人的错误。实际上,这种意识通常根本不是始于个人的错误,而是始于那些受到不公正环境对待的人所处的困境。

最后,我们都应当知道:人们的行为,取决于他们内心的动力和自我认识。处于以上对爱和罪的认识,我们创业者要谨慎成为担保人。不过,如果把"担保"作为一种商业规则和金融行业类型来说的话,则另当别论。

● 远离贼人

子曰:"乡愿,德之贼也。"

——《论语·阳货》

---

[1] 老子,《道德经》。
[2] 老子,《道德经》。
[3] 《圣经·马太福音》。

孔子说，不分是非的好好先生，真是败坏道德风气的小人。

在这世界上，人们获得的所有物质和类物质的东西都是别人给的了——例如：金钱、衣物、食品、住房、用品、出行的交通工具等等，全都是倚靠着别人而来。所以，我们利用商业这种形式来进行协调人们之间的关系，并使得人们之间恰当的关系得以实现——也就是善。不过，显然那种孔夫子口中的"乡愿"们所行的却是伪善。

很多人跟我们创业者们一样，在现实生活中，为了实现自己的自由、幸福和梦想，让自己做自己想做的事。

首先，是关于"自由"。在法律上，自由是公民在法律规定的范围内，其自己的意志活动有不受限制的权利。在政治上，自由是指由宪法或根本法所保障的一种权利或自由权，能够确保人民免于遭受某一专制政权的奴役、监禁或控制，或是确保人民能获得解放。

对于自由，马克思主义解释是：自由是不受压迫和剥削的状态；自由是不被生存奴役的状态；自由是除了公共秩序需要遵守之外可以任由行动不受追究的状态；自由是闲暇的时间的自主支配状态；自由是在物质需要得到基本满足的情况下，人的一切发展创造潜能迸发而个性张扬的状态；自由是冲破了私有制下诸如家庭婚姻、监狱法律、产权关系等文化枷锁束缚的全新文明状态。

现代社会体制可以说充分吸收了以上这些"自由"的观念,人们应该很"自由"才对。可是,人们还会觉得不自由——为工作束缚,为家庭束缚,为名誉束缚,为金钱束缚,为情感束缚……

于是,越来越多的人开始关注哲学意义上的"自由"——人认识了事物发展的规律并有计划地把它运用到实践中去,自由是指对自然的认识和对客观世界的改造。

可是,人们发现从哲学层面去认识自由,对于自由的困惑不是减少而是增加了。不仅如此,还对"自由"生出"寂寞空虚冷"的情绪来——现实的世界并不那么真实,怀疑从四面八方涌过来……

真正的自由到底是什么?"凡是我的都是你的,你的也是我的。"[1]这是一种对生命和灵魂的呼唤,它以一种全新的视觉解答了困惑、解决了人们心中的忧虑,而且指明了一条出路——自由,就是当人们以一种新的方式看待世界,发现自己被世界的爱和眷顾所改变,得以以新的观点看待世界时,从人们崭新的内心世界所迸发出来的某种东西。自由,就是本相而行。

其次,是关于"幸福"。

---

[1]《圣经·约翰福音》。

什么是"幸"？什么是"福"？幸,吉而免凶也。[1]非分而得谓之幸。[2]幸和福二字连用,谓祈望得福,指人们对精神生活和物质生活的满足感,期望指数越高,幸福指数越低。

可是,中西哲学家对"幸福说"有不同的意见,有的主张"精神的快乐为幸福";有的主张"个人的快乐为幸福";有的主张"全体的快乐为幸福"的感觉。

在当今纷纷扰扰的社会,更有人发明了一套所谓的"测量幸福"的理论,包括测量公式、测试指数、调查量表等一系列的"科学理论"。但是,一个人内心深处的幸福,真的可以被外界测量和评判吗？幸福,就是本相而行。

最后,是关于"梦想"。

梦想,涵盖四层意思：有时等于理想,有时又区别于理想；渴望,一种人生追求；在梦境中能实现的理想；以及期望达到的一种高度。梦想是怀念、思想；梦想是理想、生命中的光；梦想是张扬与妄想；梦想,就是本相而行。

本相是什么？

佛说,放下屠刀。耶稣说,要像个小孩子[3]。可是,生

---

[1] 东汉·许慎,《说文》。
[2] 《小尔雅》。
[3] 《圣经·马可福音》、《圣经·路加福音》:"凡要承受神国的,若不像小孩子,断不能进去。"

命是先活出来,后才明白的。所以,"本相而行"就是"放下屠刀","像个小孩子",追求自由、幸福和梦想。

我们创业者应该远离"乡愿",以创业的方式本相而行,追求自由、幸福和梦想。

待续

和合论英雄

子曰:"德不孤,必有邻。"

——《论语·里仁》

孔子说,德行是不会孤单的,它必定得到人们的亲近与支持。

这短短的六个字,却揭示了一个深刻的道理:一个人创业者有好的德行,一定能笼络人心,一定能得到大家的支持和帮助。

哀公问:"弟子孰为好学?"孔子对曰:"有颜回者好学,不迁怒,不贰过,不幸短命死矣！今也则亡，未闻好学者也。"

——《论语·雍也》

儒家强调过失与性格有关。孔子有三千弟子，精通六艺者七十二人。颜渊过世是在孔子七十一岁的时候，孔子活了七十三岁。此时孔子对学生的了解已经很完整、很透彻了，他自己的生命也接近尾声了，所以他感到特别尴尬，因为除了颜渊外就没有爱好学习的了。而学生们也并没有真正理解他的思想，因此也没有传下来。根据儒学专家对各种资料的考证，孔子过世以后，儒分为八，他的学生分为八派，自立门户。学生们教出来的学生各有特色，有的变成了兵家、法家，不再坚持儒家的观点。不过，一百多年之后出了个孟子，才算是真正了解孔子的儒学传人。

虽然颜渊根本没有机会实现抱负，但是孟子给他最高的评价——孟子说禹、稷和颜渊，异地则皆然。禹，就是负责治水的禹；稷，就是周朝的祖先后稷，负责教老百姓种田。这三个人如果交换处境，他们应该有一样的表现。孟子的这种评价，体现了儒家不以成败论英雄的观点。

逸民：伯夷、叔齐、虞仲、夷逸、朱张、柳下惠、少连。子曰："不降其志，不辱其身，伯夷、叔齐与！"谓"柳下惠、少连,降志辱身矣,言中伦,行中虑,其斯而已矣。"谓"虞仲、夷逸,隐居放言,身中清,废中权。我则异于是,无可无不可。"

——《论语·微子》

不得志的人才有:伯夷、叔齐、虞仲、夷逸、朱张、柳下惠、少连。孔子说:"志节不受委屈,人格不受侮辱的是伯夷、叔齐吧。"又说:"柳下惠、少连尽管志节受委屈,人格受侮辱,可是言语合乎规矩,行为经过考虑,就是如此吧。"他还说:"虞仲、夷逸隐居起来放言高论,人格廉洁,被废也合乎权宜。但我与这些人都不同的,我没有一定要怎么做,也没有一定不要怎么做。"

其实,我们人活在世界上,本来就只能选择一条路,不可能什么都要。人天生有一种性格特质,努力修炼创业德行就可以取得成就,就怕我们自己弄不清楚自己喜欢什么——有些时候,判断自己该做什么是很不容易的。孔夫子的"无可无不可"——我没有要怎么做,也没有不要怎么做,关键是要看道义在哪里——就是启发我们:创业的路上,怎么创业是方法,方法一定要变通,只有这样才能使原则得以实现。

孔子曰:"见善如不及,见不善如探汤。吾见其人矣,吾闻其语矣。隐居以求其志,行义以达其道。吾闻其语矣,未见其人也。"

——《论语·季氏》

孔子说,看到善的行为就好像追赶不上,看到不善的行为就好像伸手碰到滚烫的水。我见过这样的人,也听过这样的话。避世隐居来磨炼他的志节,实践道义来贯彻他的理想。我听过这样的话,但不曾见过这样的人。

这里分两段,第一段是说"见贤思齐,洁身自爱",这不难理解,它的启示之前已经多处谈过;第二段是说"隐居砺志,行义达道"。

"志"是内心的理想。有志于创业的人,或因多种原因(如:形势、家境等)藏在"深山"里,不是每天逍遥自在地"打猎"、"砍樵"糊涂度日,也不是梅兰竹菊、琴棋书画悠然自得,而是磨砺自己,做充分的准备,一有机会就去实践、就去创业、就去贯彻自己的理想。正所谓"用之则行,舍之则藏",能施展创业理想,我们就出来努力奋斗,贯彻理想;未能施展创业理想,那就暂且"隐居"起来。

最后,以《红楼梦》的一句话赠送给各位创业者,愿大家事业有成。同时,我们相约下一部《红楼梦管理密码》再探讨——

玉在椟中求善价,钗于奁内待时飞。

附录 1

论 语

【学而】

1.1 子曰:"学而时习之,不亦说乎?有朋自远方来,不亦乐乎?人不知而不愠,不亦君子乎?"

1.2 有子曰:"其为人也孝弟,而好犯上者,鲜矣;不好犯上,而好作乱者,未之有也。君子务本,本立而道生。孝弟也者,其为仁之本与!"

1.3 子曰:"巧言令色,鲜矣仁!"

1.4 曾子曰:"吾日三省吾身:为人谋而不忠乎?与朋友交而不信乎?传不习乎?"

1.5 子曰:"道千乘之国,敬事而信,节用而爱人,使民以时。"

1.6 子曰:"弟子,入则孝,出则悌,谨而信,泛爱众,而亲仁。行有馀力,则以学文。"

1.7 子夏曰:"贤贤易色;事父母,能竭其力;事君,能致其身;与朋友交,言而有信。虽曰未学,吾必谓之学矣。"

1.8 子曰:"君子不重,则不威;学则不固。主忠信,无友不如己者。过则勿惮改。"

1.9 曾子曰:"慎终追远,民德归厚矣。"

1.10 子禽问于子贡曰:"夫子至于是邦也,必闻其政,求之与?抑与之与?"子贡曰:"夫子温、良、恭、俭、让以得之。夫子之求之也,其诸异乎人之求之与?"

1.11 子曰:"父在,观其志;父没,观其行;三年无改于父之道,可谓孝矣。"

1.12 有子曰:"礼之用,和为贵。先王之道,斯为美;小大由之。有所不行,知和而和,不以礼节之,亦不可行也。"

1.13 有子曰:"信近于义,言可复也。恭近于礼,远耻辱也。因不失其亲,亦可宗也。"

1.14 子曰:"君子食无求饱,居无求安,敏于事而慎于言,就有道而正焉,可谓好学也已。"

1.15 子贡曰:"贫而无谄,富而无骄,何如?"子曰:"可也。未若贫而乐,富而好礼者也。"子贡曰:"《诗》云:'如切如磋,如琢如磨',其斯之谓与?"子曰:"赐也,始可与言《诗》已矣,告诸往而知来者。"

1.16 子曰:"不患人之不己知,患不知人也。"

【为政】

2.1 子曰:"为政以德,譬如北辰,居其所而众星共之。"

2.2 子曰:"《诗》三百,一言以蔽之,曰:'思无邪。'"

2.3 子曰:"道之以政,齐之以刑,民免而无耻;道之以德,齐之以礼,有耻且格。"

2.4 子曰:"吾十有五而志于学,三十而立,四十而不惑,五十而知天命,六十而耳顺,七十而从心所欲,不逾矩。"

2.5 孟懿子问孝。子曰:"无违。"樊迟御,子告之曰:"孟孙问孝于我,我对曰,无违。"樊迟曰:"何谓也?"子曰:"生,事之以礼;死,葬之以礼,祭之以礼。"

2.6 孟武伯问孝。子曰:"父母唯其疾之忧。"

2.7 子游问孝。子曰:"今之孝者,是谓能养。至于犬马,皆能有养;不敬,何以别乎?"

2.8 子夏问孝。子曰:"色难。有事,弟子服其劳;有酒食,先生馔,曾是以为孝乎?"

2.9 子曰:"吾与回言终日,不违,如愚。退而省其私,亦足以发,回也不愚。"

2.10 子曰:"视其所以,观其所由,察其所安。人焉廋哉?人焉廋哉?"

2.11 子曰:"温故而知新,可以为师矣。"

2.12 子曰:"君子不器。"

2.13 子贡问君子。子曰:"先行其言而后从之。"

2.14 子曰:"君子周而不比,小人比而不周。"

2.15 子曰:"学而不思则罔,思而不学则殆。"

2.16 子曰:"攻乎异端,斯害也已。"

2.17 子曰:"由!诲女知之乎!知之为知之,不知为不知,是知也。"

2.18 子张学干禄。子曰:"多闻阙疑,慎言其馀,则寡尤。多见阙殆,慎行其馀,则寡悔。言寡尤,行寡悔,禄在其中矣。"

2.19 哀公问曰:"何为则民服?"孔子对曰:"举直错诸枉,则民服;举枉错诸直,则民不服。"

2.20 季康子问:"使民敬、忠以劝,如之何?"子曰:"临之以庄,则敬;孝慈,则忠;举善而教不能,则劝。"

2.21 或谓孔子曰:"子奚不为政?"子曰:"《书》云:'孝乎!惟孝,友于兄弟,施于有政。'是亦为政,奚其为为政?"

2.22 子曰:"人而无信,不知其可也。大车无輗,小车无軏,其何以行之哉?"

2.23 子张问:"十世可知也?"子曰:"殷因于夏礼,所损益,可知也;周因于殷礼,所损益,可知也。其或继周者,虽百世,可知也。"

2.24 子曰:"非其鬼而祭之,谄也。见义不为,无勇也。"

【八佾】

3.1 孔子谓季氏:"八佾舞于庭,是可忍也,孰不可忍也?"

3.2 三家者以《雍》彻。子曰:"'相维辟公,天子穆穆',奚取于三家之堂?"

3.3 子曰:"人而不仁,如礼何? 人而不仁,如乐何?"

3.4 林放问礼之本。子曰:"大哉问! 礼,与其奢也,宁俭;丧,与其易也,宁戚。"

3.5 子曰:"夷狄之有君,不如诸夏之亡也。"

3.6 季氏旅于泰山。子谓冉有曰:"女弗能救与?"对曰:"不能。"子曰:"呜呼! 曾谓泰山不如林放乎?"

3.7 子曰:"君子无所争。——必也射乎! 揖让而升,下而饮。其争也君子。"

3.8 子夏问曰:"'巧笑倩兮,美目盼兮,素以为绚兮。'何谓也?"子曰:"绘事后素。"曰:"礼后乎?"子曰:"起予者商也! 始可与言《诗》已矣。"

3.9 子曰:"夏礼,吾能言之,杞不足征也;殷礼,吾能言之,宋不足征也。文献不足故也。足,则吾能征之矣。"

3.10 子曰:"自既灌而往者,吾不欲观之矣。"

3.11 或问禘之说。子曰:"不知也,知其说者之于天下也，其如示诸斯乎！"指其掌。

3.12 祭如在，祭神如神在。子曰："吾不与祭，如不祭。"

3.13 王孙贾问曰："与其媚于奥，宁媚于灶，何谓也？"子曰："不然。获罪于天，无所祷也。"

3.14 子曰："周监于二代，郁郁乎文哉！吾从周。"

3.15 子入太庙，每事问。或曰："孰谓鄹人之子知礼乎？入太庙，每事问。"子闻之，曰："是礼也。"

3.16 子曰："射不主皮，为力不同科，古之道也。"

3.17 子贡欲去告朔之饩羊。子曰："赐也！尔爱其羊，我爱其礼。"

3.18 子曰："事君尽礼，人以为谄也。"

3.19 定公问："君使臣，臣事君，如之何？"孔子对曰："君使臣以礼，臣事君以忠。"

3.20 子曰："《关雎》，乐而不淫，哀而不伤。"

3.21 哀公问社于宰我。宰我对曰："夏后氏以松，殷人以柏，周人以栗，曰，使民战栗。"子闻之，曰："成事不说，遂事不谏，既往不咎。"

3.22 子曰："管仲之器小哉！"或曰："管仲俭乎？"曰："管氏有三归，官事不摄，焉得俭？""然则管仲知礼乎？"曰："邦君树塞门，管氏亦树塞门。邦君为两君之好，有反坫，管氏亦有反坫。管氏而知礼，孰不知礼？"

3.23 子语鲁大师乐，曰："乐其可知也：始作，翕如也；从之一,纯如也,皦如也,绎如也,以成。"

3.24 仪封人请见,曰:"君子之至于斯也,吾未尝不得见也。"从者见之。出曰:"二三子何患于丧乎?天下之无道也久矣,天将以夫子为木铎。"

3.25 子谓《韶》:"尽美矣,又尽善也。"谓《武》:"尽美矣,未尽善也。"

3.26 子曰:"居上不宽,为礼不敬,临丧不哀,吾何以观之哉?"

【里仁】

4.1 子曰:"里仁为美。择不处仁,焉得知?"

4.2 子曰:"不仁者不可以久处约,不可以长处乐。仁者安仁,知者利仁。"

4.3 子曰:"唯仁者能好人,能恶人。"

4.4 子曰:"苟志于仁矣,无恶也。"

4.5 子曰:"富与贵,是人之所欲也。不以其道得之,不处也。贫与贱,是人之所恶也。不以其道得之,不去也。君子去仁,恶乎成名?君子无终食之间违仁,造次必于是,颠沛必于是。"

4.6 子曰:"我未见好仁者,恶不仁者。好仁者,无以尚之;恶不仁者,其为仁矣,不使不仁者加乎其身。有能一日用其力于仁矣乎?我未见力不足者。盖有之矣,我未之见也。"

4.7 子曰:"人之过也,各于其党。观过,斯知仁矣。"

4.8 子曰:"朝闻道,夕死可矣。"

4.9 子曰:"士志于道,而耻恶衣恶食者,未足与议也。"

4.10 子曰:"君子之于天下也,无适也,无莫也,义之与比。"

4.11 子曰:"君子怀德,小人怀土;君子怀刑,小人怀惠。"

4.12 子曰:"放于利而行,多怨。"

4.13 子曰:"能以礼让为国乎,何有?不能以礼让为国,如礼何?"

4.14 子曰:"不患无位,患所以立。不患莫己知,求为可知也。"

4.15 子曰:"参乎!吾道一以贯之。"曾子曰:"唯。"子出,门人问曰:"何谓也?"曾子曰:"夫子之道,忠恕而已矣。"

4.16 子曰:"君子喻于义,小人喻于利。"

4.17 子曰:"见贤思齐焉,见不贤而内自省也。"

4.18 子曰:"事父母几谏,见志不从,又敬不违,劳而不怨。"

4.19 子曰:"父母在,不远游,游必有方。"

4.20 子曰:"三年无改于父之道,可谓孝矣。"

4.21 子曰:"父母之年,不可不知也。一则以喜,一则以惧。"

4.22 子曰:"古者言之不出,耻躬之不逮也。"

4.23 子曰:"以约失之者鲜矣。"

4.24 子曰:"君子欲讷于言而敏于行。"

4.25 子曰:"德不孤,必有邻。"

4.26 子游曰:"事君数,斯辱矣;朋友数,斯疏矣。"

【公冶长】

5.1 子谓公冶长:"可妻也。虽在缧绁之中,非其罪也。"以其子妻之。

5.2 子谓南容:"邦有道,不废;邦无道,免于刑戮。"以其兄之子妻之。

5.3 子谓子贱:"君子哉若人!鲁无君子者,斯焉取斯?"

5.4 子贡问曰:"赐也何如?"子曰:"女,器也。"曰:"何器也?"曰:"瑚琏也。"

5.5 或曰:"雍也仁而不佞。"子曰:"焉用佞?御人以口给,屡憎于人。不知其仁,焉用佞?"

5.6 子使漆雕开仕。对曰:"吾斯之未能信。"子说。

5.7 子曰:"道不行,乘桴浮于海。从我者,其由与?"子路闻之喜。子曰:"由也好勇过我,无所取材。"

5.8 孟武伯问:"子路仁乎?"子曰:"不知也。"又问。子曰:"由也,千乘之国,可使治其赋也,不知其仁也。""求也何如?"子曰:"求也,千室之邑,百乘之家,可使为之宰也,不知其仁也。""赤也何如?"子曰："赤也，束带立于朝，可使与宾客言也，不知其仁也。"

5.9 子谓子贡曰："女与回也孰愈？"对曰："赐也何敢望回？回也闻一以知十，赐也闻一以知二。"子曰："弗如也；吾与女弗如也。"

5.10 宰予昼寝。子曰："朽木不可雕也，粪土之墙不可圬也；于予与何诛？"子曰："始吾于人也，听其言而信其行；今吾于人也，听其言而观其行。于予与改是。"

5.11 子曰："吾未见刚者。"或对曰："申枨。"子曰："枨也欲，焉得刚？"

5.12 子贡曰："我不欲人之加诸我也，吾亦欲无加诸人。"子曰："赐也，非尔所及也。"

5.13 子贡曰："夫子之文章，可得而闻也；夫子之言性与天道，不可得而闻也。"

5.14 子路有闻，未之能行，唯恐有闻。

5.15 子贡问曰："孔文子何以谓之'文'也？"子曰："敏而好学，不耻下问，是以谓之'文'也。"

5.16 子谓子产："有君子之道四焉：其行已也恭，其事上也敬，其养民也惠，其使民也义。"

5.17 子曰："晏平仲善与人交，久而敬之。"

5.18 子曰："臧文仲居蔡，山节藻棁，何如其知也？"

5.19 子张问曰："令尹子文三仕为令尹，无喜色；三已之,无愠色。旧令尹之政,必以告新令尹。何如?"子曰:"忠矣。"曰:"仁矣乎?"曰:"未知。焉得仁?""崔子弑齐君,陈文子有马十乘,弃而违。至于他邦,则曰:'犹吾大夫崔子也。'违之。之一邦,则又曰:'犹吾大夫崔子也。'违之。何如?"子曰:"清矣。"曰:"仁矣乎?"曰:"未知。焉得仁?"

5.20 季文子三思而后行。子闻之,曰:"再,斯可矣。"

5.21 子曰:"宁武子,邦有道,则知;邦无道,则愚。其知可及也,其愚不可及也。"

5.22 子在陈,曰:"归与!归与!吾党之小子狂简,斐然成章,不知所以裁之。"

5.23 子曰:"伯夷、叔齐不念旧恶,怨是用希。"

5.24 子曰:"孰谓微生高直?或乞醯焉,乞诸其邻而与之。"

5.25 子曰:"巧言、令色、足恭,左丘明耻之,丘亦耻之。匿怨而友其人,左丘明耻之,丘亦耻之。"

5.26 颜渊、季路侍。子曰:"盍各言尔志?"子路曰:"愿车马衣轻裘与朋友共,敝之而无憾。"颜渊曰:"愿无伐善,无施劳。"子路曰:"愿闻子之志。"子曰:"老者安之,朋友信之,少者怀之。"

5.27 子曰:"已矣乎!吾未见能见其过而内自讼者也。"

5.28 子曰:"十室之邑,必有忠信如丘者焉,不如丘之好学也。"

【雍也】

6.1 子曰:"雍也可使南面。"

6.2 仲弓问子桑伯子,子曰:"可也,简。"仲弓曰:"居敬而行简,以临其民,不亦可乎?居简而行简,无乃大简乎?"子曰:"雍之言然。"

6.3 哀公问:"弟子孰为好学?"孔子对曰:"有颜回者好学,不迁怒,不贰过。不幸短命死矣。今也则亡,未闻好学者也。"

6.4 子华使于齐,冉子为其母请粟。子曰:"与之釜。"请益。曰:"与之庾。"冉子与之粟五秉。子曰:"赤之适齐也,乘肥马,衣轻裘。吾闻之也:君子周急不继富。"

6.5 原思为之宰,与之粟九百,辞。子曰:"毋!以与尔邻里乡党乎!"

6.6 子谓仲弓曰:"犁牛之子且角,虽欲勿用,山川其舍诸?"

6.7 子曰:"回也,其心三月不违仁,其馀则日月至焉而已矣。"

6.8 季康子问:"仲由可使从政也与?"子曰:"由也果,于从政乎何有"曰:"赐也可使从政也与?"曰:"赐也达,于从政乎何有?"曰:"求也可使从政也与?"曰:

"求也艺,于从政乎何有?"

6.9 季氏使闵子骞为费宰。闵子骞曰:"善为我辞焉!如有复我者,则吾必在汶上矣。"

6.10 伯牛有疾,子问之,自牖执其手,曰:"亡之,命矣夫!斯人也而有斯疾也!斯人也而有斯疾也!"

6.11 子曰:"贤哉,回也!一箪食,一瓢饮,在陋巷,人不堪其忧,回也不改其乐。贤哉,回也!"

6.12 冉求曰:"非不说子之道,力不足也。"子曰:"力不足者,中道而废。今女画。"

6.13 子谓子夏曰:"女为君子儒!无为小人儒!"

6.14 子游为武城宰。子曰:"女得人焉耳乎?"曰:"有澹台灭明者,行不由径,非公事,未尝至于偃之室也。"

6.15 子曰:"孟之反不伐,奔而殿,将入门,策其马,曰:'非敢后也,马不进也。'"

6.16 子曰:"不有祝鮀之佞,而有宋朝之美,难乎免于今之世矣!"

6.17 子曰:"谁能出不由户?何莫由斯道也?"

6.18 子曰:"质胜文则野,文胜质则史。文质彬彬,然后君子。"

6.19 子曰:"人之生也直,罔之生也幸而免。"

6.20 子曰:"知之者不如好之者,好之者不如乐之者。"

6.21 子曰:"中人以上,可以语上也;中人以下,不可以语上也。"

6.22 樊迟问知。子曰:"务民之义,敬鬼神而远之,可谓知矣。"问仁。曰:"仁者先难而后获,可谓仁矣。"

6.23 子曰:"知者乐水,仁者乐山。知者动,仁者静。知者乐,仁者寿。"

6.24 子曰:"齐一变,至于鲁;鲁一变,至于道。"

6.25 子曰:"觚不觚,觚哉!觚哉!"

6.26 宰我问曰:"仁者,虽告之曰:'井有仁焉。'其从之也?"子曰:"何为其然也?君子可逝也,不可陷也;可欺也,不可罔也。"

6.27 子曰:"君子博学于文,约之以礼,亦可以弗畔矣夫!"

6.28 子见南子,子路不说。夫子矢之曰:"予所否者,天厌之!天厌之!"

6.29 子曰:"中庸之为德也,其至矣乎!民鲜久矣。"

6.30 子贡曰:"如有博施于民而能济众,何如?可谓仁乎?"子曰:"何事于仁!必也圣乎?尧舜其犹病诸!夫仁者,已欲立而立人,已欲达而达人。能近取譬,可谓仁之方也已。"

【述而】

7.1 子曰:"述而不作,信而好古,窃比于我老彭。"

7.2 子曰:"默而识之,学而不厌,诲人不倦,何有于我哉?"

7.3 子曰:"德之不修,学之不讲,闻义不能徙,不善不能改,是吾忧也。"

7.4 子之燕居,申申如也,夭夭如也。

7.5 子曰:"甚矣吾衰也!久矣吾不复梦见周公。"

7.6 子曰:"志于道,据于德,依于仁,游于艺。"

7.7 子曰:"自行束修以上,吾未尝无诲焉。"

7.8 子曰:"不愤不启,不悱不发。举一隅不以三隅反,则不复也。"

7.9 子食于有丧者之侧,未尝饱也。

7.10 子于是日哭,则不歌。

7.11 子谓颜渊曰:"用之则行,舍之则藏,惟我与尔有是夫!"子路曰:"子行三军,则谁与?"子曰:"暴虎冯河,死而无悔者,吾不与也。必也临事而惧,好谋而成者也。"

7.12 子曰:"富而可求也,虽执鞭之士,吾亦为之。如不可求,从吾所好。"

7.13 子之所慎:齐、战、疾。

7.14 子在齐闻《韶》,三月不知肉味。曰:"不图为乐之至于斯也。"

7.15 冉有曰:"夫子为卫君乎?"子贡曰:"诺。吾将问之。"入,曰:"伯夷、叔齐何人也?"曰:"古之贤人也。"曰:"怨乎?"曰:"求仁而得仁,又何怨?"出,曰:"夫子不为也。"

7.16 子曰:"饭疏食饮水,曲肱而枕之,乐亦在其中矣。不义而富且贵,于我如浮云。"

7.17 子曰:"加我数年,五十以学《易》,可以无大过矣。"

7.18 子所雅言,《诗》、《书》、执行,皆雅言也。

7.19 叶公问孔子于子路,子路不对。子曰:"女奚不曰:其为人也,发愤忘食,乐以忘忧,不知老之将至云尔。"

7.20 子曰:"我非生而知之者,好古,敏以求之者也。"

7.21 子不语:怪、力、乱、神。

7.22 子曰:"三人行,必有我师焉;择其善者而从之,其不善者而改之。"

7.23 子曰:"天生德于予,恒其如予何?"

7.24 子曰:"二三子以我为隐乎?吾无隐乎尔。吾无行而不与二三子者,是丘也。"

7.25 子以四教:文、行、忠、信。

7.26 子曰:"圣人,吾不得而见之矣;得见君子者,斯可矣。"子曰:"善人,吾不得而见之矣;得见有恒者,斯可矣。亡而为有,虚而为盈,约而为泰,难乎有恒矣。"

7.27 子钓而不纲,弋不射宿。

7.28 子曰:"盖有不知而作之者,我无是也。多闻,择其善者而从之,多见而识之,知之次也。"

7.29 互乡难与言,童子见,门人惑。子曰:"与其进也,不与其退也,唯何甚?人洁已以进,与其洁也,不保其往也。"

7.30 子曰:"仁远乎哉?我欲仁,斯仁至矣。"

7.31 陈司败问:"昭公知礼乎?"孔子曰:"知礼。"孔子退,揖巫马期而进之,曰:"吾闻君子不党,君子亦党乎?君取于吴,为同姓,谓之吴孟子。君而知礼,孰不知礼?"巫马期以告。子曰:"丘也幸,苟有过,人必知之。"

7.32 子与人歌而善,必使反之,而后和之。

7.33 子曰:"文,莫吾犹人也。躬行君子,则吾未之有得。"

7.34 子曰:"若圣与仁,则吾岂敢?抑为之不厌,诲人不倦,则可谓云尔已矣。"公西华曰:"正唯弟子不能学也。"

7.35 子疾病,子路请祷。子曰:"有诸?"子路对曰:"有之。诔曰:'祷尔于上下神祇。'"子曰:"丘之祷久矣。"

7.36 子曰:"奢则不孙,俭则固。与其不孙也,宁固。"

7.37 子曰:"君子坦荡荡,小人长戚戚。"

7.38 子温而厉,威而不猛,恭而安。

【泰伯】

8.1 子曰:"泰伯,其可谓至德也已矣。三以天下让,民无得而称焉。"

8.2 子曰:"恭而无礼则劳,慎而无礼则葸,勇而无礼则乱,直而无礼则绞。君子笃于亲,则民兴于仁;故旧不遗,则民不偷。"

8.3 曾子有疾,召门弟子曰:"启予足!启予手!《诗》云:'战战兢兢,如临深渊,如履薄冰。'而今而后,吾知免夫!小子!"

8.4 曾子有疾,孟敬子问之。曾子言曰:"鸟之将死,其鸣也哀;人之将死,其言也善。君子所贵乎道者三:动容貌,斯远暴慢矣;正颜色,斯近信矣;出辞气,斯远鄙倍矣。笾豆之事,则有司存。"

8.5 曾子曰:"以能问于不能,以多问于寡;有若无,实若虚,犯而不校。昔者吾友尝从事于斯矣。"

8.6 曾子曰:"可以托六尺之孤,可以寄百里之命,临大节而不可夺也。君子人与?君子人也。"

8.7 曾子曰:"士不可以不弘毅,任重而道远。仁以为己任,不亦重乎?死而后已,不亦远乎?"

8.8 子曰:"兴于诗,立于礼,成于乐。"

8.9 子曰:"民可使由之,不可使知之。"

8.10 子曰:"好勇疾贫,乱也。人而不仁,疾之已甚,乱也。"

8.11 子曰:"如有周公之才之美,使骄且吝,其馀不足观也已。"

8.12 子曰:"三年学,不至于谷,不易得也。"

8.13 子曰:"笃信好学,守死善道。危邦不入,乱邦不居。天下有道则见,无道则隐。邦有道,贫且贱焉,耻也。邦无道,富且贵焉,耻也。"

8.14 子曰:"不在其位,不谋其政。"

8.15 子曰:"师挚之始,《关雎》之乱,洋洋乎盈耳哉!"

8.16 子曰:"狂而不直,侗而不愿,悾悾而信,吾不知之矣。"

8.17 子曰:"学如不及,犹恐失之。"

8.18 子曰:"巍巍乎,舜、禹之有天下也,而不与焉!"

8.19 子曰:"大哉尧之为君也! 巍巍乎! 唯天为大,唯尧则之。荡荡乎! 民无能名焉。巍巍乎其有成功也! 焕乎其有文章!"

8.20 舜有臣五人而天下治。武王曰:"予有乱臣十人。"孔子曰:"才难,不其然乎? 唐、虞之际,于斯为盛。有妇人焉,九人而已。三分天下有其二,以服事殷。周之德,其可谓至德也已矣。"

8.21 子曰:"禹,吾无间然矣。菲饮食而致孝乎鬼神,恶衣服而致美乎黻冕,卑宫室而尽力乎沟洫。禹,吾无间然矣。"

【子罕】

9.1 子罕言利与命与仁。

9.2 达巷党人曰:"大哉孔子!博学而无所成名。"子闻之,谓门弟子曰:"吾何执?执御乎?执射乎?吾执御矣。"

9.3 子曰:"麻冕,礼也;今也纯,俭,吾从众。拜下,礼也;今拜乎上,泰也。虽违众,吾从下。"

9.4 子绝四:毋意,毋必,毋固,毋我。

9.5 子畏于匡,曰:"文王既没,文不在兹乎?天之将丧斯文也,后死者不得与于斯文也;天之未丧斯文也,匡人其如予何?"

9.6 太宰问于子贡曰:"夫子圣者与?何其多能也?"子贡曰:"固天纵之将圣,又多能也。"子闻之,曰:"太宰知我乎!吾少也贱,故多能鄙事。君子多乎哉?不多也。"

9.7 牢曰:"子云:'吾不试,故艺。'"

9.8 子曰:"吾有知乎哉?无知也。有鄙夫问于我,空空如也。我叩其两端而竭焉。"

9.9 子曰:"凤鸟不至,河不出图,吾已矣夫!"

9.10 子见齐衰者、冕衣裳者与瞽者,见之,虽少,必作;过之,必趋。

9.11 颜渊喟然叹曰:"仰之弥高,钻之弥坚。瞻之在前,忽焉在后。夫子循循然善诱之,博我以文,约我以礼,欲罢不能。既竭吾才,如有所立卓尔。虽欲从之。末由也已。"

9.12 子疾病,子路使门人为臣。病间。曰:"久矣哉,由之行诈也! 无臣而为有臣。吾谁欺? 欺天乎? 且予与其死于臣之手也,无宁死于二三子之手乎? 且予纵不得大葬,予死于道路乎?"

9.13 子贡曰:"有美玉于斯,韫椟而藏诸? 求善贾而沽诸?"子曰:"沽之哉! 沽之哉! 我待贾者也。"

9.14 子欲居九夷。或曰:"陋,如之何?"子曰:"君子居之,何陋之有?"

9.15 子曰:"吾自卫反鲁,然后乐正,《雅》《颂》各得其所。"

9.16 子曰:"出则事公卿,入则事父兄,丧事不敢不勉,不为酒困,何有于我哉?"

9.17 子在川上曰:"逝者如斯夫! 不舍昼夜。"

9.18 子曰:"吾未见好德如好色者也。"

9.19 子曰:"譬如为山,未成一篑,止,吾止也。譬如平地,虽覆一篑,进,吾往也。"

9.20 子曰:"语之而不惰者,其回也与!"

9.21 子谓颜渊曰:"惜乎! 吾见其进也,未见其止也。"

9.22 子曰:"苗而不秀者有矣夫! 秀而不实者有矣夫!"

9.23 子曰:"后生可畏,焉知来者之不如今也? 四十、五十而无闻焉,斯亦不足畏也已。"

9.24 子曰:"法语之言,能无从乎? 改之为贵。巽与之言,能无说乎? 绎之为贵。说而不绎,从而不改,吾未如之何也已矣。"

9.25 子曰:"主忠信,毋友不如己者,过则勿惮改。"

9.26 子曰:"三军可夺帅也,匹夫不可夺志也。"

9.27 子曰:"衣敝缊袍,与衣狐貉者立,而不耻者,其由也与?'不忮不求,何用不臧?'"子路终身诵之。子曰:"是道也,何足以臧?"

9.28 子曰:"岁寒,然后知松柏之后凋也。"

9.29 子曰:"知者不惑,仁者不忧,勇者不惧。"

9.30 子曰:"可与共学,未可与适道;可与适道,未可与立;可与立,未可与权。"

9.31 "唐棣之华,偏其反而。岂不尔思?室是远而。"子曰:"未之思也,夫何远之有?"

【乡党】

10.1 孔子于乡党,恂恂如也,似不能言者。其在宗庙朝廷,便便言,唯谨尔。

10.2 朝,与下大夫言,侃侃如也;与上大夫言,訚訚如也。君在,踧踖如也,与与如也。"

10.3 君召使摈,色勃如也,足躩如也。揖所与立,左右手,衣前后,襜如也。趋进,翼如也。宾退,必复命曰:"宾不顾矣。"

10.4 入公门,鞠躬如也,如不容。立不中门,行不履阈。过位,色勃如也,足躩如也,其言似不足者。摄齐升堂,鞠躬如也,屏气似不息者。出,降一等,逞颜色,怡怡如也。没阶,趋进,翼如也。复其位,踧踖如也。

10.5 执圭,鞠躬如也,如不胜。上如揖,下如授。勃如战色,足蹜蹜如有循。享礼,有容色。私觌,愉愉如也。

10.6 君子不以绀緅饰。红紫不以为亵服。当暑,袗絺绤,必表而出之。缁衣,羔裘;素衣,麑裘;黄衣,狐裘。亵裘长,短右袂。必有寝衣,长一身有半。狐貉之厚以居。去丧,无所不佩。非帷裳,必杀之。羔裘玄冠不以吊。吉月,必朝服而朝。

10.7 齐,必有明衣,布。齐必变食,居必迁坐。

10.8 食不厌精,脍不厌细。食饐而餲,鱼馁而肉败,不食。色恶,不食。臭恶,不食。失饪,不食。不时,不食。割不正,不食。不得其酱,不食。肉虽多,不使胜食气。惟酒无量,不及乱。沽酒市脯不食。不撤姜食,不多食。

10.9 祭于公,不宿肉。祭肉不出三日。出三日,不食之矣。

10.10 食不语,寝不言。

10.11 虽疏食菜羹,必祭,必齐如也。

10.12 席不正,不坐。

10.13 乡人饮酒,杖者出,斯出矣。

10.14 乡人傩,朝服而立于阼阶。

10.15 问人于他邦,再拜而送之。

10.16 康子馈药,拜而受之。曰:"丘未达,不敢尝。"

10.17 厩焚。子退朝,曰:"伤人乎?"不问马。

10.18 君赐食,必正席先尝之。君赐腥,必熟而荐之。君赐生,必畜之。侍食于君,君祭,先饭。

10.19 疾,君视之,东首,加朝服,拖绅。

10.20 君命召,不俟驾行矣。

10.21 入太庙,每事问。

10.22 朋友死,无所归,曰:"于我殡。"

10.23 朋友之馈,虽车马,非祭肉,不拜。

10.24 寝不尸,居不客。

10.25 见齐衰者,虽狎,必变。见冕者与瞽者,虽亵,必以貌。凶服者式之,式负版者。有盛馔,必变色而作。迅雷风烈,必变。

10.26 升车,必正立,执绥。车中,不内顾,不疾言,不亲指。

10.27 色斯举矣,翔而后集。曰:"山梁雌雉,时哉时哉!"子路共之,三嗅而作。

【先进】

11.1 子曰:"先进于礼乐,野人也;后进于礼乐,君子也。如用之,则吾从先进。"

11.2 子曰:"从我于陈、蔡者,皆不及门也。"

11.3 德行:颜渊、闵子骞、冉伯牛、仲弓。言语:宰我、子贡。政事:冉有、季路。文学:子游、子夏。

11.4 子曰:"回也非助我者也,于吾言无所不说。"

11.5 子曰:"孝哉,闵子骞!人不间于其父母昆弟之言。"

11.6 南容三复"白圭",孔子以其兄之子妻之。

11.7 季康子问:"弟子孰为好学?"孔子对曰:"有颜回者好学,不幸短命死矣!今也则亡。"

11.8 颜渊死,颜路请子之车以为之椁。子曰:"才不才,亦各言其子也。鲤也死,有棺而无椁。吾不徒行以为之椁。以吾从大夫之后,不可徒行也。"

11.9 颜渊死。子曰:"噫!天丧予!天丧予!"

11.10 颜渊死,子哭之恸。从者曰:"子恸矣!"曰:"有恸乎?非夫人之为恸而谁为?"

11.11 颜渊死,门人欲厚葬之。子曰:"不可。"门人厚葬之。子曰:"回也视予犹父也,予不得视犹子也。非我也,夫二三子也。"

11.12 季路问事鬼神。子曰:"未能事人,焉能事鬼?"曰:"敢问死。"曰:"未知生,焉知死?"

11.13 闵子侍侧,訚訚如也;子路,行行如也;冉有、子贡,侃侃如也。子乐。"若由也,不得其死然。"

11.14 鲁人为长府。闵子骞曰:"仍旧贯,如之何?何必改作?"子曰:"夫人不言,言必有中。"

11.15 子曰:"由之瑟奚为于丘之门?"门人不敬子路。子曰:"由也升堂矣,未入于室也。"

11.16 子贡问:"师与商也孰贤?"子曰:"师也过,商也不及。"曰:"然则师愈与?"子曰:"过犹不及。"

11.17 季氏富于周公,而求也为之聚敛而附益之。子曰:"非吾徒也。小子鸣鼓而攻之可也。"

11.18 柴也愚,参也鲁,师也辟,由也喭。

11.19 子曰:"回也其庶乎?屡空。赐不受命,而货殖焉,亿则屡中。"

11.20 子张问善人之道。子曰:"不践迹,亦不入于室。"

11.21 子曰:"论笃是与,君子者乎?色庄者乎?"

11.22 子路问:"闻斯行诸?"子曰:"有父兄在,如之何其闻斯行之?"冉有问:"闻斯行诸?"子曰:"闻斯行之。"公西华曰:"由也问'闻斯行诸',子曰:'有父兄在',求也问'闻斯行诸',子曰:'闻斯行之'。赤也惑,敢问。"子曰:"求也退,故进之;由也兼人,故退之。"

11.23 子畏于匡,颜渊后。子曰:"吾以女为死矣。"曰:"子在,回何敢死?"

11.24 季子然问:"仲由、冉求可谓大臣与?"子曰:"吾以子为异之问,曾由与求之问。所谓大臣者,以道事君,不可则止。今由与求也,可谓具臣矣。"曰:"然则从之者与?"子曰:"弑父与君,亦不从也。"

11.25 子路使子羔为费宰。子曰:"贼夫人之子。"子路曰:"有民人焉,有社稷焉,何必读书,然后为学?"子曰:"是故恶夫佞者。"

11.26 子路、曾皙、冉有、公西华侍坐。子曰:"以吾一日长乎尔,毋吾以也。居则曰:'不吾知也!'如或知尔,则何以哉?"子路率尔而对曰:"千乘之国,摄乎大国之间,加之以师旅,因之以饥馑;由也为之,比及三年,可使有勇,且知方也。"夫子哂之。"求!尔何如?"对曰:"方六七十,如五六十,求也为之,比及三年,可使足民。如其礼乐,以俟君子。""赤!尔何如?"对曰:"非曰能之,愿学焉。宗庙之事,如会同,端章甫,愿为小相焉。""点!尔何如?"鼓瑟希,铿尔,舍瑟而作,对曰:"异乎三子者之撰。"子曰:"何伤乎?亦各言其志也。"曰:"莫春者,春服既成,冠者五六人,童子六七人,浴乎沂,风乎舞雩,咏而归。"夫子喟然叹曰:"吾与点也!"三子者出,曾皙后。曾皙曰:"夫三子者之言何如?"子曰:"亦各言其志也已矣。"曰:"夫子何哂由也?"曰:"为国以礼,其言不让,是故哂之。""唯求则非邦也与?""安见方六七十如五六十而非邦也者?""唯赤则非邦也与?""宗庙会同,非诸侯而何?赤也为之小,孰能为之大?"

【颜渊】

12.1 颜渊问仁。子曰:"克己复礼为仁。一日克己复礼,天下归仁焉。为仁由己,而由人乎哉?"颜渊曰:"请问其目。"子曰:"非礼勿视,非礼勿听,非礼勿言,非礼勿动。"颜渊曰:"回虽不敏,请事斯语矣。"

12.2 仲弓问仁。子曰:"出门如见大宾,使民如承大祭。己所不欲,勿施于人。在邦无怨,在家无怨。"仲弓曰:"雍虽不敏,请事斯语矣。"

12.3 司马牛问仁。子曰:"仁者,其言也讱。"曰:"其言也讱,斯谓之仁已乎?"子曰:"为之难,言之得无讱乎?"

12.4 司马牛问君子。子问:"君子不忧不惧。"曰:"不忧不惧,斯谓之君子已乎?"子曰:"内省不疚,夫何忧何惧?"

12.5 司马牛忧曰:"人皆有兄弟,我独亡。"子夏曰:"商闻之矣:死生有命,富贵在天。君子敬而无失,与人恭而有礼,四海之内皆兄弟也。君子何患乎无兄弟也?"

12.6 子张问明。子曰:"浸润之谮,肤受之愬,不行焉,可胃明也已矣。浸润之谮,肤受之愬,不行焉,可谓远也已矣。"

12.7 子贡问政。子曰:"足食,足兵,民信之矣。"子贡曰:"必不得已而去,于斯三者何先?"曰:"去兵。"子贡曰:"必不得已而去,于斯二者何先?"曰:"去食。自古皆有死,民无信不立。"

12.8 棘子成曰:"君子质而已矣,何以文为?"子贡曰:"惜乎,夫子之说君子也!驷不及舌。文犹质也,质犹文也。虎豹之鞟犹犬羊之鞟。"

12.9 哀公问于有若曰:"年饥,用不足,如之何?"有若对曰:"盍彻乎?"曰:"二,吾犹不足,如之何其彻也?"对曰:"百姓足,君孰与不足?百姓不足,君孰与足?"

12.10 子张问崇德辨惑。子曰:"主忠信,徙义,崇德也。爱之欲其生,恶之欲其死。既欲其生,又欲其死,是惑也。'诚不以富,亦祇以异'。"

12.11 齐景公问政于孔子。孔子对曰:"君君,臣臣,父父,子子。"公曰:"善哉!信如君不君,臣不臣,父不父,子不子,虽有粟,吾得而食诸?"

12.12 子曰:"片言可以折狱者,其由也与?"子路无宿诺。

12.13 子曰:"听讼,吾犹人也。必也使无讼乎?"

12.14 子张问政。子曰:"居之无倦,行之以忠。"

12.15 子曰:"博学于文,约之以礼,亦可以弗畔矣夫!"

12.16 子曰:"君子成人之美,不成人之恶。小人反是。"

12.17 季康子问政于孔子。孔子对曰:"政者,正也。子帅以正,孰敢不正?"

12.18 季康子患盗,问于孔子。孔子对曰:"苟子之不欲,虽赏之不窃。"

12.19 季康子问政于孔子曰:"如杀无道,以就有道,何如?"孔子对曰:"子为政,焉用杀?子欲善而民善矣。君子之德风,小人之德草。草上之风必偃。"

12.20 子张问:"士何如斯可谓之达矣?"子曰:"何哉,尔所谓达者?"子张对曰:"在邦必闻,在家必闻。"子曰:"是闻也,非达也。夫达也者,质直而好义,察言而观色,虑以下人。在邦必达,在家必达。夫闻也者,色取仁而行违,居之不疑。在邦必闻,在家必闻。"

12.21 樊迟从游于舞雩之下,曰:"敢问崇德,修慝,辨惑。"子曰:"善哉问!先事后得,非崇德与?攻其恶,无攻人之恶,非修慝与?一朝之忿,忘其身,以及其亲,非惑与?"

12.22 樊迟问仁。子曰:"爱人。"问知。子曰:"知人。"樊迟未达。子曰:"举直错诸枉,能使枉者直。"樊迟退,见子夏曰:"乡也吾见于夫子而问知,子曰:'举直错诸枉,能使枉者直',何谓也?"子夏曰:"富哉言乎!舜有天下,选于众,举皋陶,不仁者远矣。汤有天下,选于众,举伊尹,不仁者远矣。"

12.23 子贡问友。子曰:"忠告而善道之,不可则止,毋自辱焉。"

12.24 曾子曰:"君子以文会友,以友辅仁。"

【子路】

13.1 子路问政。子曰:"先之劳之。"请益。曰:"无倦。"

13.2 仲弓为季氏宰,问政。子曰:"先有司,赦小过,举贤才。"曰:"焉知贤才而举之?"子曰:"举尔所知;尔所不知,人其舍诸?"

13.3 子路曰:"卫君待子而为政,子将奚先?"子曰:"必也正名乎?"子路曰:"有是哉,子之迂也!奚其正?"子曰:"野哉,由也!君子于其所不知,盖阙如也。名不正,则言不顺;言不顺,则事不成;事不成,则礼乐不兴;礼乐不兴,则刑罚不中;刑罚不中,则民无所措手足。故君子名之必可言也,言之必可行也。君子于其言,无所苟而已矣。"

13.4 樊迟请学稼。子曰:"吾不如老农。"请学为圃。曰:"吾不如老圃。"樊迟出,子曰:"小人哉,樊须也!上好礼,则民莫敢不敬;上好义,则民莫敢不服;上好信,则民莫敢不用情。夫如是,则四方之民襁负其子而至矣,焉用稼?"

13.5 子曰:"诵诗三百,授之以政,不达;使于四方,不能专对;虽多,亦奚以为?"

13.6 子曰:"其身正,不令而行;其身不正,虽令不从。"

13.7 子曰:"鲁卫之政,兄弟也。"

13.8 子谓卫公子荆:"善居室。始有,曰:'苟合矣。'少有,曰:'苟完矣。'富有,曰:'苟美矣。'"

13.9 子适卫,冉有仆。子曰:"庶矣哉!"冉有曰:"既庶矣,又何加焉?"曰:"富之。"曰:"既富矣,又何加焉?"曰:"教之。"

13.10 子曰:"苟有用我者,期月而已可也,三年有成。"

13.11 子曰:"'善人为邦百年,亦可以胜残去杀矣。'诚哉是言也!"

13.12 子曰:"如有王者,必世而后仁。"

13.13 子曰:"苟正其身矣,于从政乎何有?不能正其身,如正人何?"

13.14 冉子退朝。子曰:"何晏也?"对曰:"有政。"子曰:"其事也。如有政,虽不吾以,吾其与闻之。"

13.15 定公问:"一言而可以兴邦,有诸?"孔子对曰:"言不可以若是其几也。人之言曰:'为君难,为臣不易。'如知为君之难也,不几乎一言而兴邦乎?"曰:"一言而丧邦,有诸?"孔子对曰:"言不可以若是其几也。人之言曰:'予无乐乎为君,唯其言而莫予违也。'如其善而莫之违也,不亦善乎?如不善而莫之违也,不几乎一言而丧邦乎?"

13.16 叶公问政。子曰:"近者说,远者来。"

13.17 子夏为莒父宰。问政。子曰:"无欲速,无见小利。欲速,则不达;见小利,则大事不成。"

13.18 叶公语孔子曰:"吾党有直躬者,其父攘羊,而子证之。"孔子曰:"吾党之直者异于是:父为子隐,子为父隐。——直在其中矣。"

13.19 樊迟问仁。子曰:"居处恭,执事敬,与人忠。虽之夷狄,不可弃也。"

13.20 子贡问曰:"何如斯可谓之士矣?"子曰:"行己有耻,使于四方,不辱君命,可谓士矣。"曰:"敢问其次。"曰:"宗族称孝焉,乡党称弟焉。"曰:"敢问其次。"曰:"言必信,行必果,硁硁然小人哉!抑亦可以为次矣。"曰:"今之从政者何如?"子曰:"噫!斗筲之人,何足算也?"

13.21 子曰:"不得中行而与之,必也狂狷乎?狂者进取,狷者有所不为也。"

13.22 子曰:"南人有言曰:'人而无恒,不可以作巫医。'善夫。""不恒其德,或承之羞。"子曰:"不占而已矣。"

13.23 子曰:"君子和而不同,小人同而不和。"

13.24 子贡问曰:"乡人皆好之,何如?"子曰:"未可也。""乡人皆恶之,何如?"子曰:"未可也。不如乡人之善者好之,其不善者恶之。"

13.25 子曰:"君子易事而难说也。说之不以道,不说也;及其使人也,器之。小人难事而易说也。说之虽不以道,说也;及其使人也,求备焉。"

13.26 子曰:"君子泰而不骄,小人骄而不泰。"

13.27 子曰:"刚、毅、木、讷近仁。"

13.28 子路问曰:"何如斯可谓之士矣?"子曰:"切切偲偲,怡怡如也,可谓士矣。朋友切切偲偲,兄弟怡怡。"

13.29 子曰:"善人教民七年,亦可以即戎矣。"

13.30 子曰:"以不教民战,是谓弃之。"

【宪问】

14.1 宪问耻。子曰:"邦有道,谷;邦无道,谷,耻也。""克、伐、怨、欲不行焉,可以为仁矣?"子曰:"可以为难矣,仁则吾不知也。"

14.2 子曰:"士而怀居,不足以为士矣。"

14.3 子曰:"邦有道,危言危行;邦无道,危行言孙。"

14.4 子曰:"有德者必有言,有言者不必有德。仁者必有勇,勇者不必有仁。"

14.5 南宫适问于孔子曰:"羿善射,奡荡舟,俱不得其死然。禹、稷躬稼而有天下。"夫子不答。南宫适出,子曰:"君子哉若人!尚德哉若人!"

14.6 子曰:"君子而不仁者有矣夫,未有小人而仁者也。"

14.7 子曰:"爱之,能勿劳乎? 忠焉,能勿诲乎?"

14.8 子曰:"为命,裨谌草创之,世叔讨论之,行人子羽修饰之,东里子产润色之。"

14.9 或问子产。子曰:"惠人也。"问子西。曰:"彼哉!彼哉!"问管仲。曰:"人也。夺伯氏骈邑三百,饭疏食,没齿无怨言。"

14.10 子曰:"贫而无怨难,富而无骄易。"

14.11 子曰:"孟公绰为赵、魏老则优,不可以为滕、薛大夫。"

14.12 子路问成人。子曰:"若臧武仲之知,公绰之不欲,卞庄子之勇,冉求之艺,文之以礼乐,亦可以为成人矣。"曰:"今之成人者何必然?见利思义,见危授命,久要不忘平生之言,亦可以为成人矣。"

14.13 子问公叔文子于公明贾曰:"信乎,夫子不言,不笑,不取乎?"公明贾对曰:"以告者过也,夫子时然后言,人不厌其言;乐然后笑,人不厌其笑;义然后取,人不厌其取。"子曰:"其然?岂其然乎?"

14.14 子曰:"臧武仲以防求为后于鲁,虽曰不要君,吾不信也。"

14.15 子曰:"晋文公谲而不正,齐桓公正而不谲。"

14.16 子路曰:"桓公杀公子纠,召忽死之,管仲不死。"曰:"未仁乎?"子曰:"桓公九合诸侯,不以兵车,管仲之力也。如其仁,如其仁。"

14.17 子贡曰:"管仲非仁者与?桓公杀公子纠,不能死,又相之。"子曰:"管仲相桓公,霸诸侯,一匡天下,民到于今受其赐。微管仲,吾其被发左衽矣。岂若匹夫匹妇之为谅也,自经于沟渎而莫之知也?"

14.18 公叔文子之臣大夫与文子同升诸公。子闻之曰:"可以为'文'矣。"

14.19 子言卫灵公之无道也,康子曰:"夫如是,奚而不丧?"孔子曰:"仲叔圉治宾客,祝鮀治宗庙,王孙贾治军旅。夫如是,奚其丧?"

14.20 子曰:"其言之不怍,则为之也难。"

14.21 陈成子弑简公。孔子沐浴而朝,告于哀公曰:"陈恒弑其君,请讨之。"公曰:"告夫三子!"孔子曰:"以吾从大夫之后,不敢不告也。君曰'告夫三子'者!"之三子告,不可。孔子曰:"以吾从大夫之后,不敢不告也。"

14.22 子路问事君。子曰:"勿欺也,而犯之。"

14.23 子曰:"君子上达,小人下达。"

14.24 子曰:"古之学者为己,今之学者为人。"

14.25 蘧伯玉使人于孔子。孔子与之坐而问焉,曰:"夫子何为?"对曰:"夫子欲寡其过而未能也。"使者出。子曰:"使乎!使乎!"

14.26 子曰:"不在其位,不谋其政。"曾子曰:"君子思不出其位。"

14.27 子曰:"君子耻其言之过其行。"

14.28 子曰:"君子道者三,我无能焉:仁者不忧,知者不惑,勇者不惧。"子贡曰:"夫子自道也。"

14.29 子贡方人。子曰:"赐也,贤乎哉?夫我则不暇。"

14.30 子曰:"不患人之不己知,患其不能也。"

14.31 子曰:"不逆诈,不亿不信,抑亦先觉者,是贤乎!"

14.32 微生亩谓孔子曰:"丘何为是栖栖者与?无乃为佞乎?"孔子曰:"非敢为佞也,疾固也。"

14.33 子曰:"骥不称其力,称其德也。"

14.34 或曰:"以德报怨,何如?"子曰:"何以报德?以直报怨,以德报德。"

14.35 子曰:"莫我知也夫!"子贡曰:"何为其莫知子也?"子曰:"不怨天,不尤人;下学而上达。知我者其天乎!"

14.36 公伯寮愬子路于季孙。子服景伯以告,曰:"夫子固有惑志于公伯寮,吾力犹能肆诸市朝。"子曰:"道之将行也与,命也。道之将废也与,命也。公伯寮其如命何!"

14.37 子曰:"贤者辟世,其次辟地,其次辟色,其次辟言。"子曰:"作者七人矣。"

14.38 子路宿于石门。晨门曰:"奚自?"子路曰:"自孔氏。"曰:"是知其不可而为之者与?"

14.39 子击磬于卫,有荷蒉而过孔氏之门者,曰:"有心哉,击磬乎!"既而曰:"鄙哉!硁硁乎!莫己知也,斯已而已矣,深则厉,浅则揭。"子曰:"果哉!末之难矣。"

14.40 子张曰:"《书》云:'高宗谅阴,三年不言。'何谓也?"子曰:"何必高宗,古之人皆然。君薨,百官总己以听于冢宰三年。"

14.41 子曰:"上好礼,则民易使也。"

14.42 子路问君子。子曰:"修己以敬。"曰:"如斯而已乎?"曰:"修己以安人。"曰:"如斯而已乎?"曰:"修己以安百姓。修己以安百姓,尧舜其犹病诸?"

14.43 原壤夷俟。子曰:"幼而不孙弟,长而无述焉,老而不死,是为贼。"以杖叩其胫。

14.44 阙党童子将命,或问之曰:"益者与?"子曰:"吾见其居于位也,见其与先生并行也。非求益者也,欲速成者也。"

【卫灵公】

15.1 卫灵公问阵于孔子。孔子对曰:"俎豆之事,则尝闻之矣;军旅之事,未之学也。"明日遂行。

15.2 在阵绝粮,从者病,莫能兴。子路愠见曰:"君子亦有穷乎?"子曰:"君子固穷,小人穷斯滥矣。"

15.3 子曰:"赐也,女以予为多学而识之者与?"对曰:"然。非与?"曰:"非也,予一以贯之。"

15.4 子曰:"由!知德者鲜矣。"

15.5 子曰:"无为而治者其舜也与?夫何为哉?恭己正南面而已矣。"

15.6 子张问行。子曰:"言忠信,行笃敬,虽蛮貊之邦,行矣。言不忠信,行不笃敬,虽州里,行乎哉?立则见其参于前也,在舆则见其倚于衡也,夫然后行。"子张书诸绅。

15.7 子曰:"直哉史鱼!邦有道,如矢;邦无道,如矢。君子哉蘧伯玉!邦有道,则仕;邦无道,则可卷而怀之。"

15.8 子曰:"可与言而不与之言,失人;不可与言而与之言,失言。知者不失人,亦不失言。"

15.9 子曰:"志士仁人,无求生以害仁,有杀身以成仁。"

15.10 子贡问为仁,子曰:"工欲善其事,必先利其器。居是邦也,事其大夫之贤者,友其士之仁者。"

15.11 颜渊问为邦。子曰:"行夏之时,乘殷之辂,服周之冕,乐则《韶》、《舞》,放郑声,远佞人。郑声淫,佞人殆。"

15.12 子曰:"人无远虑,必有近忧。"

15.13 子曰:"已矣乎!吾未见好德如好色者也。"

15.14 子曰:"臧文仲其窃位者与!知柳下惠之贤而不与立也。"

15.15 子曰:"躬自厚而薄责于人,则远怨矣。"

15.16 子曰:"不曰'如之何,如之何'者,吾未如之何也已矣。"

15.17 子曰:"群居终日,言不及义,好行小慧,难矣哉!"

15.18 子曰:"君子义以为质,礼以行之,孙以出之,信以成之。君子哉!"

15.19 子曰:"君子病无能焉,不病人之不己知也。"

15.20 子曰:"君子疾没世而名不称焉。"

15.21 子曰:"君子求诸己,小人求诸人。"

15.22 子曰:"君子矜而不争,群而不党。"

15.23 子曰:"君子不以言举人,不以人废言。"

15.24 子贡问曰:"有一言而可以终身行之者乎?"子曰:"其'恕'乎!己所不欲,勿施于人。"

15.25 子曰:"吾之于人也,谁毁谁誉?如有所誉者,其有所试矣。斯民也,三代之所以直道而行也。"

15.26 子曰:"吾犹及史之阙文也。有马者借人乘之,今亡矣夫!"

15.27 子曰:"巧言乱德。小不忍,则乱大谋。"

15.28 子曰:"众恶之,必察焉;众好之,必察焉。"

15.29 子曰:"人能弘道,非道弘人。"

15.30 子曰:"过而不改,是谓过矣。"

15.31 子曰:"吾尝终日不食,终夜不寝,以思,无益,不如学也。"

15.32 子曰:"君子谋道不谋食。耕也,馁在其中矣;学也,禄在其中矣。君子忧道不忧贫。"

15.33 子曰:"知及之,仁不能守之,虽得之,必失之。知及之,仁能守之,不庄以莅之,动之不以礼,未善也。"

15.34 子曰:"君子不可小知而可大受也,小人不可大受而可小知也。"

15.35 子曰:"民之于仁也,甚于水火。水火,吾见蹈而死者矣,未见蹈仁而死者也。"

15.36 子曰:"当仁,不让于师。"

15.37 子曰:"君子贞而不谅。"

15.38 子曰:"事君,敬其事而后其食。"

15.39 子曰:"有教无类。"

15.40 子曰:"道不同不相为谋。"

15.41 子曰:"辞达而已矣。"

15.42 师冕见,及阶,子曰:"阶也。"及席,子曰:"席也。"皆坐,子告之曰:"某在斯,某在斯。"师冕出。子张问曰:"与师言之道与?"子曰:"然。固相师之道也。"

【季氏】

16.1 季氏将伐颛臾。冉有、季路见于孔子曰:"季氏将有事于颛臾。"孔子曰:"求!无乃尔是过与?夫颛臾,昔者先王以为东蒙主,且在邦域之中矣,是社稷之臣也。何以伐为?"冉有曰:"夫子欲之,吾二臣者皆不欲也。"孔子曰："求！周任有言曰：'陈力就列，不能者止。'危而不持，颠而不扶，则将焉用彼相矣？且尔言过矣。虎兕出于柙，龟玉毁于椟中，是谁之过与？"冉有曰："今夫颛臾，固而近于费。今不取，后世必为子孙忧。"孔子曰："求！君子疾夫舍曰'欲之'而必为之辞。丘也闻有国有家者，不患寡而患不均，不患贫而患不安。盖均无贫，和无寡，安无倾。夫如是，故远人不服，则修文德以来之。既来之，则安之。今由与求也，相夫子，远人不服而不能来也，邦分崩离析而不能守也，而谋动干戈于邦内。吾恐季孙之忧，不在颛臾，而在萧墙之内也。"

16.2 孔子曰："天下有道，则礼乐征伐自天子出；天下无道，则礼乐征伐自诸侯出。自诸侯出，盖十世希不失矣；自大夫出，五世希不失矣；陪臣执国命，三世希不失矣。天下有道，则政不在大夫。天下有道，则庶人不议。"

16.3 孔子曰："禄之去公室五世矣，政逮于大夫四世矣，故夫三桓之子孙微矣。"

16.4 孔子曰："益者三友，损者三友。友直，友谅，友多闻，益矣。友便辟，友善柔，友便佞，损矣。"

16.5 孔子曰："益者三乐，损者三乐。乐节礼乐，乐道人之善，乐多贤友，益矣。乐骄乐，乐佚游，乐宴乐，损矣。"

16.6 孔子曰:"侍于君子有三:言未及之而言,谓之躁;言及之而不言,谓之隐;未见颜色而言,谓之瞽。"

16.7 孔子曰:"君子有三戒:少之时,血气未定,戒之在色;及其壮也,血气方刚,戒之在斗;及其老也,血气既衰,戒之在得。"

16.8 孔子曰:"君子有三畏:畏天命,畏大人,畏圣人之言。小人不知天命而不畏也,狎大人,侮圣人之言。"

16.9 孔子曰:"生而知之者上也,学而知之者次也;困而学之,又其次也;困而不学,民斯为下矣。"

16.10 孔子曰:"君子有九思:视思明,听思聪,色思温,貌思恭,言思忠,事思敬,疑思问,忿思难,见得思义。"

16.11 孔子曰:"见善如不及,见不善如探汤。吾见其人矣,吾闻其语矣。隐居以求其志,行义以达其道。吾闻其语矣,未见其人也。"

16.12 齐景公有马千驷,死之日,民无德而称焉。伯夷、叔齐饿于首阳之下,民到于今称之。其斯之谓与?

16.13 陈亢问于伯鱼曰:"子亦有异闻乎?"对曰:"未也。尝独立,鲤趋而过庭。曰:'学《诗》乎?'对曰:'未也。''不学《诗》,无以言。'鲤退而学《诗》。

他日,又独立,鲤趋而过庭。曰:'学礼乎?'对曰:'未也。''不学礼,无以立。'鲤退而学礼。闻斯二者。"陈亢退而喜曰:"问一得三:闻《诗》,闻礼,又闻君子之远其子也。"

16.14 邦君之妻,君称之曰"夫人",夫人自称曰"小童";邦人称之曰"君夫人",称诸异邦曰"寡小君";异邦人称之,亦曰"君夫人"。

【阳货】

17.1 阳货欲见孔子,孔子不见,归孔子豚。孔子时其亡也,而往拜之。遇诸涂。谓孔子曰:"来!予与尔言。"曰:"怀其宝而迷其邦,可谓仁乎?"曰:"不可。""好从事而亟失时,可谓知乎?"曰:"不可。""日月逝矣,岁不我与。"孔子曰:"诺。吾将仕矣。"

17.2 子曰:"性相近也,习相远也。"

17.3 子曰:"唯上知与下愚不移。"

17.4 子之武城,闻弦歌之声。夫子莞尔而笑,曰:"割鸡焉用牛刀?"子游对曰:"昔者偃也闻诸夫子曰:'君子学道则爱人,小人学道则易使也。'"子曰:"二三子!偃之言是也。前言戏之耳。"

17.5 公山弗扰以费畔,召,子欲往。子路不说,曰:"末之也,已,何必公山氏之之也?"子曰:"夫召我者,而岂徒哉?如有用我者,吾其为东周乎?"

17.6 子张问仁于孔子。孔子曰:"能行五者于天下,为仁矣。""请问之。"曰:"恭宽信敏惠。恭则不侮,宽则得众,信则人任焉,敏则有功,惠则足以使人。"

17.7 佛肸召,子欲往。子路曰:"昔者由也闻诸夫子曰:'亲于其身为不善者,君子不入也。'佛肸以中牟畔,子之往也,如之何?"子曰:"然。有是言也。不曰坚乎,磨而不磷;不曰白乎,涅而不缁。吾岂匏瓜也哉?焉能系而不食?"

17.8 子曰:"由也!女闻六言六蔽矣乎?"对曰:"未也。""居!吾语女。好仁不好学,其蔽也愚;好知不好学,其蔽也荡;好信不好学,其蔽也贼;好直不好学,其蔽也绞;好勇不好学,其蔽也乱;好刚不好学,其蔽也狂。"

17.9 子曰:"小子何莫学夫《诗》?诗,可以兴,可以观,可以群,可以怨。迩之事父,远之事君;多识于鸟兽草木之名。"

17.10 子谓伯鱼曰:"女为《周南》、《召南》矣乎?人而不为《周南》、《召南》,其犹正墙面而立也与?"

17.11 子曰:"礼云礼云,玉帛云乎哉?乐云乐云,钟鼓云乎哉?"

17.12 子曰:"色厉而内荏,譬诸小人,其犹穿窬之盗也与?"

17.13 子曰:"乡原,德之贼也。"

17.14 子曰:"道听而涂说,德之弃也。"

17.15 子曰:"鄙夫可与事君也与哉?"其未得之也,患得之,既得之,患失之,苟患失之,无所不至矣。"

17.16 子曰:"古者民有三疾,今也或是之亡也。古之狂也肆,今之狂也荡;古之矜也廉,今之矜也忿戾;古之愚也直,今之愚也诈而已矣。"

17.17 子曰:"巧言令色,鲜矣仁。"

17.18 子曰:"恶紫之夺朱也,恶郑声之乱雅乐也,恶利口之覆邦家者。"

17.19 子曰:"予欲无言。"子贡曰:"子如不言,则小子何述焉?"子曰:"天何言哉?四时行焉,百物生焉。天何言哉?"

17.20 孺悲欲见孔子,孔子辞以疾。将命者出户,取瑟而歌,使之闻之。

17.21 宰我问:"三年之丧,期已久矣。君子三年不为礼,礼必坏;三年不为乐,乐必崩。旧谷既没,新谷既升,钻燧改火,期可已矣。"子曰:"食夫稻,衣夫锦,于女安乎?"曰:"安。""女安,则为之。夫君子之居丧,食旨不甘,闻乐不乐,居处不安,故不为也。今女安,则为之!"宰我出。子曰:"予之不仁也!子生三年,然后免于父母之怀。夫三年之丧,天下之通丧也。予也有三年之爱于其父母乎?"

17.22 子曰:"饱食终日,无所用心,难矣哉!不有博弈者乎？为之，犹贤乎已。"

17.23 子路曰："君子尚勇乎！"子曰："君子义以为上。君子有勇而无义为乱，小人有勇而无义为盗。"

17.24 子贡曰："君子亦有恶乎！"子曰："有恶：恶称人之恶者，恶居下流而上者，恶勇而不礼者，恶果敢而窒者。"曰："赐也亦有恶乎？""恶徼以为知者，恶不孙以为勇者，恶讦以为直者。"

17.25 子曰："唯女子与小人为难养也，近之则不孙，远之则怨。"

17.26 子曰："年四十而见恶焉，其终也已。"

【微子】

18.1 微子去之，箕子为之奴，比干谏而死。孔子曰："殷有三仁焉。"

18.2 柳下惠为士师，三黜。人曰："子未可以去乎？"曰："直道而事人，焉往而不三黜？枉道而事人，何必去父母之邦？"

18.3 齐景公待孔子曰："若季氏，则吾不能；以季、孟之间待之。"曰："吾老矣，不能用也。"孔子行。

18.4 齐人归女乐，季桓子受之，三日不朝，孔子行。

18.5 楚狂接舆歌而过孔子曰："凤兮凤兮！何德之衰？往者不可谏，来者犹可追。已而！已而！今之从政者殆而！"孔子下，欲与之言。趋而辟之，不得与之言。

18.6 长沮、桀溺耦而耕,孔子过之,使子路问津焉。长沮曰:"夫执舆者为谁?"子路曰:"为孔丘。"曰:"是鲁孔丘与?"曰:"是也。"曰:"是知津矣。"问于桀溺。桀溺曰:"子为谁?"曰:"为仲由。"曰:"是鲁孔丘之徒与?"对曰:"然。"曰:"滔滔者天下皆是也,而谁以易之?且而与其从辟人之士也,岂若从辟世之士哉?"耰而不辍。子路行以告。夫子怃然曰:"鸟兽不可与同群,吾非斯人之徒与而谁与?天下有道,丘不与易也。"

18.7 子路从而后,遇丈人,以杖荷蓧。子路问曰:"子见夫子乎?"丈人曰:"四体不勤,五谷不分,孰为夫子?"植其杖而芸。子路拱而立。止子路宿,杀鸡为黍而食之,见其二子焉。明日,子路行以告。子曰:"隐者也。"使子路反见之。至,则行矣。子路曰:"不仕无义。长幼之节,不可废也;君臣之义,如之何其废之?欲洁其身,而乱大伦。君子之仕也,行其义也。道之不行,已知之矣。"

18.8 逸民:伯夷、叔齐、虞仲、夷逸、朱张、柳下惠、少连。子曰:"不降其志,不辱其身,伯夷、叔齐与!"谓"柳下惠、少连,降志辱身矣,言中伦,行中虑,其斯而已矣"。谓"虞仲、夷逸,隐居放言,身中清,废中权。我则异于是,无可无不可。"

18.9 大师挚适齐,亚饭干适楚,三饭缭适蔡,四饭缺适秦,鼓方叔入于河,播武入于汉,少师阳、击磬襄入于海。

18.10 周公谓鲁公曰:"君子不施其亲,不使大臣怨乎不以。故旧无大故,则不弃也。无求备于一人!"

18.11 周有八士:伯达、伯适、仲突、仲忽、叔夜、叔夏、季随、季骃。

【子张】

19.1 子张曰:"士见危致命,见得思义,祭思敬,丧思哀,其可已矣。"

19.2 子张曰:"执德不弘,信道不笃,焉能为有?焉能为亡?"

19.3 子夏之门人问交于子张。子张曰:"子夏云何?"对曰:"子夏曰:'可者与之,其不可者拒之。'"子张曰:"异乎吾所闻:君子尊贤而容众,嘉善而矜不能。我之大贤与,于人何所不容?我之不贤与,人将拒我,如之何其拒人也?"

19.4 子夏曰:"虽小道,必有可观者焉;致远恐泥,是以君子不为也。"

19.5 子夏曰:"日知其所亡,月无忘其所能,可谓好学也已矣。"

19.6 子夏曰:"博学而笃志,切问而近思,仁在其中矣。"

19.7 子夏曰:"百工居肆以成其事,君子学以致其道。"

19.8 子夏曰:"小人之过也必文。"

19.9 子夏曰:"君子有三变:望之俨然,即之也温,听其言也厉。"

19.10 子夏曰:"君子信而后劳其民,未信则以为厉己也。信而后谏,未信则以为谤己也。"

19.11 子夏曰:"大德不逾闲,小德出入可也。"

19.12 子游曰:"子夏之门人小子,当洒扫应对进退,则可矣,抑末也。本之则无,如之何?"子夏闻之,曰:"噫!言游过矣!君子之道,孰先传焉,孰后倦焉?譬诸草木,区以别矣。君子之道,焉可诬也?有始有卒者,其惟圣人乎!"

19.13 子夏曰:"仕而优则学,学而优则仕。"

19.14 子游曰:"丧致乎哀而止。"

19.15 子游曰:"吾友张也为难能也,然而未仁。"

19.16 曾子曰:"堂堂乎张也,难与并为仁矣。"

19.17 曾子曰:"吾闻诸夫子:人未有自致者也,必也亲丧乎!"

19.18 曾子曰:"吾闻诸夫子:孟庄子之孝也,其他可能也;其不改父之臣与父之政,是难能也。"

19.19 孟氏使阳肤为士师,问于曾子。曾子曰:"上失其道,民散久矣。如得其情,则哀矜而勿喜!"

19.20 子贡曰:"纣之不善,不如是之甚也。是以君子恶居下流,天下之恶皆归焉。"

19.21 子贡曰:"君子之过也,如日月之食焉;过也,人皆见之;更也,人皆抑之。"

19.22 卫公孙朝问于子贡曰:"仲尼焉学?"子贡曰:"文、武之道,未坠于地,在人。贤者识其大者,不贤者识其小者。莫不有文武之道焉。夫子焉不学?而亦何常师之有?"

19.23 叔孙武叔语大夫于朝,曰:"子贡贤于仲尼。"子服景伯以告子贡。子贡曰:"譬之宫墙,赐之墙也及肩,窥见室家之好。夫子之墙数仞,不得其门而入,不见宗庙之美,百官之富。得其门者或寡矣。夫子之云,不亦宜乎!"

19.24 叔孙武叔毁仲尼。子贡曰:"无以为也!仲尼不可毁也。他人之贤者,丘陵也,犹可逾也;仲尼,日月也,无得而逾焉。人虽欲自绝,其何伤于日月乎?多见其不知量也。"

19.25 陈子禽谓子贡曰:"子为恭也,仲尼岂贤于子乎?"子贡曰:"君子一言以为知,一言以为不知,言不可不慎也。夫子之不可及也,犹天之不可阶而升也。夫子之得邦家者,所谓立之斯立,道之斯行,绥之斯来,动之斯和。其生也荣,其死也哀。如之何其可及也?"

【尧曰】

20.1 尧曰:"咨!尔舜。天之历数在尔躬,允执其中。四海困穷,天禄永终。"舜亦以命禹。曰:"予小子履,敢用玄牡,敢昭告于皇皇后帝:有罪不敢赦。帝臣不蔽,简在帝心。朕躬有罪,无以万方;万方有罪,罪在朕躬。"周有大赉,善人是富。"虽有周亲,不如仁人。百姓有过,在予一人。"谨权量,审法度,修废官,四方之政行焉。兴灭国,继绝世,举逸民,天下之民归心焉。所重:民、食、丧、祭。宽则得众,信则民任焉,敏则有功,公则说。

20.2 子张问于孔子曰:"何如斯可以从政矣?"子曰:"尊五美,屏四恶,斯可以从政矣。"子张曰:"何谓五美?"子曰:"君子惠而不费,劳而不怨,欲而不贪,泰而不骄,威而不猛。"子张曰:"何谓惠而不费?"子曰:"因民之所利而利之,斯不亦惠而不费乎?择可劳而劳之,又谁怨?欲仁而得仁,又焉贪?君子无众寡,无小大,无敢慢,斯不亦泰而不骄乎?君子正其衣冠,尊其瞻视,俨然人望而畏之,斯不亦威而不猛乎?"子张曰:"何谓四恶?"子曰:"不教而杀谓之虐;不戒视成谓之暴;慢令致期谓之贼;犹之与人也,出纳之吝谓之有司"。

20.3 孔子曰:"不知命,无以为君子也;不知礼,无以立也;不知言,无以知人也。"

附录 2

阅读推荐

1. 《论语三百讲》,傅佩荣著
2. 《论语诠解》,杨朝明编著
3. 《辜鸿铭讲论语》,辜鸿铭著
4. 《论语别裁》,南怀瑾著
5. 《论语》,朱熹、胡真编著
6. 《论语的现代智慧》,曾仕强、曾仕良合著
7. 《圣经》,中文圣经启导本汉语简化字版
8. 《易经管理密码》,王建成著
9. 《蝴蝶说》,牧太甫著
10. 《格拉德威尔经典系列:异类+眨眼之间+引爆点+逆转+大开眼界》,【加】马尔科姆·格拉德威尔著

11.《创新与企业家精神》,【美】彼得·德鲁克著
12.《管理的未来》,【美】加里·哈默、比尔·布林著
13.《商业的本质》,【美】杰克·韦尔奇、苏茜·韦尔奇著
14.《信号与噪声》,【美】纳特·西尔弗著
15.《什么造就了领导者》,彼得·德鲁克、丹尼尔·戈尔曼、吉姆·柯林斯、约翰·科特等著
16.《创始人精神》,【美】克里斯·祖克、詹姆斯·艾伦著
17.《互联网思维:商业颠覆与重构》,陈光锋编著
18.《习惯的力量》,【美】查尔斯·都希格著
19.《从0到1:开启商业与未来的秘密》,【美】彼得·蒂尔著
20.《思考,快与慢》,【美】丹尼尔·卡尼曼著